대중지성, 금강경과 만나다

대중지성, 금강경과 만나다: 머무는 바 없는 자비로 이르는 길

**발행일** 초판3쇄 2024년 6월 25일(甲辰年 庚午月 庚申日) | **지은이** 이여민

**펴낸곳** 북드라망 | **펴낸이** 김현경 | **주소** 서울시 종로구 사직로8길 24 1221호(내수동, 경희궁의아침 2단지) |

**전화** 02-739-9918 | **팩스** 070-4850-8883 | **이메일** bookdramang@gmail.com

ISBN 979-11-92128-17-7 04080  979-11-90351-11-9(세트)

책으로 여는 지혜의 인드라망, 북드라망 **www.bookdramang.com**

감성(감이당 대중지성) 시리즈

3

이여민 지음

대중지성, 금강경과 만나다

머무는 바 없는 자비로 이르는 길

金剛經

티
BookDramang
북드라망

# 차례

# 머리말

요즈음 내 일상은 참 소박하다. 낮에는 환자들에게 건강을 위한 아낌없는 조언을 하고 밤에는 고전을 공부한다. 가끔 친구들을 만나 밥을 함께 먹으며 이런저런 살아가는 이야기를 나눈다. 어느 순간부터 소소하지만 즐겁게 나누며 사는 기쁨을 알게 되었고, 매일 조금씩 글쓰기와 명상을 실천하면서 마음이 편안해졌다. 이렇게 사는 지금 내 일상이 너무 행복하다. 그리고 행복하다고 당당하게 말할 수 있다는 점에 감사한다.

이 소박한 행복의 중심에는 『금강경』이 있다. 『금강경』은 불교 신자가 아니더라도 한 번쯤은 들어 봤을 법한 베스트셀러에 속하는 유명한 불교 경전이다. 『금강경』의 명성은 이미 800종류가 넘는 주석서가 세상에 나와 있다는 것으로도 알 수 있다. 그런데 35년째 주 6일 환자를 만나며 헤모글로빈 수치, 콜레스테롤값과 같이 객관적으로 수치화된 결과를 해석하는 삶을 살아온 내가 어떻게 『금강경』을 만나고 이에 대한 글까지 쓰게 되었을까? 인생의 가장 괴로운 시절에 『금강경』을 만나 혼자 끙끙 앓던 고민이 해결되었고, 이후에 『금강경』 공부를 통해 알게 된 지혜를 나누고 싶었다.

나의 직업은 내과 의사다. 서울 시내 같은 장소에서 30년째 환자를 진료하고 있다. 동시에 나는 두 딸의 엄마다. 딸들은 이미 성인이 되어 독립했다. 내 나이 오십일 때 자립하는 두 딸의 빈 자리를 크게 느꼈고, 빈 마음의 자리를 채우려고 찾게 된 곳이 '감이당'이었다. '감이당'은 공부 공동체로 고전을 중심으로 도반들이 모여 같이 책을 읽고 쓰면서 공부하는 곳이다. 감이당은 글쓰기로 수련하는 곳이라 같이 공부하는 친구들을 도반이라고 부른다. 학교 공부에는 자신이 있었지만, 고전을 읽고 쓰는 것은 나에게는 새로운 경험이었다. 첫 만남은 '영어로 배우는 불교' 세미나였다. 세미나를 계기로 흥미를 이어 가다 보니 어느새 고전을 읽고 글을 쓰는 인문학 공부를 10년째 해오는 중이다.

그러던 중 2019년도에 각자 자신이 원하는 고전을 택해 긴 글을 쓰는 '장자 스쿨' 과정을 이수하게 되었다. 이때 담임이었던 고미숙 선생님께서 나에게 불경 중 하나를 택하면 어떻겠냐고 하셨다. 이때 머릿속에 번개처럼 떠오른 경전이 『금강경』이었다. 그 순간 왜 『금강경』이 떠올랐는지는 모르겠다.

어쩌면 내 인생에서 가장 많이 읽은 책이라 그랬나 싶다. 인생의 시련과 고비가 찾아올 때마다 곁에 두고 매일 읽었던 책이 바로『금강경』이었다.

## 에피소드1:『금강경』, 어두운 마음에 빛을 밝히다

누구에게나 첫 순간은 오래 기억되기 마련이다. 그 기억이 좋든 나쁘든 뇌리에 박힌 첫번째 기억들이 있을 것이다. 그리고『금강경』과 나의 첫 만남은 기억하기 싫은 과거로부터 비롯된다. 지금은 까마득하게 느껴지는 삼십 대의 마지막 자락에 나는 홀로 섰다. 누군가의 아내라는 이름을 지우며 두 아이의 엄마로서 삶을 살기 시작했다. 그 과정에서 나는『금강경』과 '찐'하게 만났다. 정확히 내 나이 서른아홉 살 때의 일이었다. 나이가 들어 감에 따라 차근차근 쌓아 왔던 직업적인 성장과 그에 따라오던 경제력, 그리고 학위, 결혼, 자식까지 모두 가진 상태였다. 그런데 어느 한순간 이 모든 것들에 금이 가기 시작했다. 이혼 재판이 시작되었고 나는 슬픔과 고민에 휩싸였다. '나에게 왜 이런 일이 벌어지는 것일까?' '앞으로 어떻게 살아야 하지?' '딸들을 혼자 키울 수 있을까?' 성인이 된 이후 의사의 길만 걸어온 나는 인생의 큰 파도를 대비한 경험도 지혜도 없었다. 주변 사람들의 조언을 받기에도 두려움과 경계심이

앞섰다.

이 시기에 『금강경』 28번 읽는 것을 매일 하면 어려운 일도 쉽게 풀린다'는 글을 보았다. '『금강경』독송회'라는 공부 모임도 있다는 것을 알게 되었다. 출석해서 각자 독송만 하면 직접 사람을 만나지 않아도 된다는 점에서 끌렸다. 지푸라기라도 잡는 심정으로 아침 일찍 일어나서 매일 28독讀을 하였다. 처음에는 28번을 반복하여 읽기에 급급해서 내용은 눈에 들어오지도 않았다. 그러나 매일 읽다 보니 익숙해지고 속도도 빨라져 이전과 달리 28번을 반복해 읽어도 정해진 시간 안에 충분히 끝낼 수 있었다. 이때까진 학창 시절에 해오던 공부 습관대로 빠르게 많이 읽는 것이 정답이라 여겼다. 그러다 문득 '도대체 이게 무슨 뜻이기에 도움이 된다는 거지?' 하는 궁금증이 들었다. 그래서 한자 원문 밑의 한글풀이를 보기 시작했다. 이때쯤으로 기억한다. 어느 한 구절이 내 가슴에 홀연히 날아와 자리를 잡았다.

이 경을 받아 지녀 읽고 외우더라도 다른 사람이 경멸하고 천시한다면 이 사람이 전생의 죄업으로 다음 세상에 악도에 떨어지게 될 것이나 지금 사람들이 경멸하고 천시하는 까닭에 전생의 죄업이 없어지게 되어[선세죄업先世罪業 즉위소멸卽爲消滅] 반드시 위 없는 깨달음을 얻게 되리라.「16. 업장을 맑게 하나

니」(能淨業障分), 『금강경』(정화 스님), 253쪽

　　문제 해결에 도움이 될 것이라는 막연한 기대로 아무 생각 없이 새벽마다 읽은 『금강경』에서 만난 구절인 '선세죄업先世罪業 즉위소멸即爲消滅'(전생에 지은 죄가 즉시 소멸된다). 왜 하필 이 문장이 빛처럼 나에게 다가왔을까? 여섯 번의 재판을 겪으며 나는 무너졌었다. 절벽 끝에 아슬아슬하게 매달린 기분이었다. 게다가 나에게는 보살펴야 할 두 아이까지 있었다. 앞으로 갈 수도 뒤로 물러설 수도 없는 옴짝달싹할 수 없는 상황이 매일매일 숨을 막히게 했다. 나와 두 아이가 세상에 혈혈단신으로 떨어진 절망적인 기분이었다.

　　그런데 '선세죄업 즉위소멸', 이 글귀는 '나에게 어떻게 이런 일이 일어날 수가 있지?' 하는 질문에 답을 주었다. 글귀에 대한 나름의 해석을 통해 재판받는 사건들을 어느 생엔가 내가 저지른 악업의 인과응보를 받는 과정으로 이해하기 시작했다. 이 구절이 사실인지 아닌지는 상관없었다. 『금강경』 구절을 통해 절망적이었던 나날을 다시 볼 수 있도록 도움을 받은 것은 사실이고, 결국 무사히 사십 대를 맞이하였다. 억울함과 슬픔이 잦아들고 가끔 편안한 마음을 되찾을 수 있게 되었다. 결국 재판을 여러 차례 진행하며 힘든 시기를 통과하는 데 『금강경』 구절에 큰 힘을 받았다.

## 에피소드2: 『금강경』, 나[我相]를 비추는 거울

연이은 재판으로 지쳤던 시기를 지나 모든 사건이 마무리되고 일상으로 돌아왔다. 그러자 나는 '선세죄업 즉위소멸'이 모두 이루어졌다고 생각하면서 무너진 일상을 복원하는 것에 집중하며 살게 되었다. 어느새 『금강경』을 독송하던 새벽은 까맣게 잊혀졌다.

그러다 감이당 공부를 시작하고 5년이 지난 어느 날 초기 불교 세미나가 열렸다. 이를 계기로 불교 경전을 다시 읽어야겠다는 마음이 생겼다. 우등생이었던 지난날의 습관대로 학습 의욕에 불타 동시에 불교대학에도 등록하여 경전반 공부를 시작했다. 경전반에서는 4개의 경전을 공부해야 하는데, 그때 첫번째로 만난 경전이 우연인지 필연인지 『금강경』이었다. 이렇게 약 10년 동안 잊고 살았던 『금강경』을 다시 만나게 되었다. 여섯 번의 재판과 같은 큰 사건이 없는 일상에서의 『금강경』은 어떤 영향력을 발휘했을까?

사실 일상에서도 자잘하지만, 끊임없이 마음을 괴롭히는 일들이 동시다발적으로 일어난다. 당시 내 마음을 어지럽히던 상황은 간호사와의 문제였다. 내 병원은 간호사 한 명이 근무하는 작은 의원이다. 내가 간호사 채용과 관리에서 중요하게 생각하는 한 가지 원칙은 '법을 어기지만 않으면 해고하지 않는다'는 것이었다. 얕게나마 불교 공부를 한 덕분에 나와 만난 인연은 감당할 만한 이유가 있다는 믿음이 있었기 때문이다. 그런데 당시의 가장 큰 고민은 새로 채용한 간호사와 의사소통이 되지 않는 점이었다. 경험이 많다고 자신만만하던 오십 대 간호사는 출근 첫날부터 컴퓨터를 잘 다루지 못해 잔 실수가 잦았다. 그런데도 그녀는 자신이 일에 서툴다는 자각이 없었다. 접수시스템 자체에 대한 이해도가 매우 낮았으며, 환자에게 정확한 정보를 묻지 않고 동명이인의 다른 사람을 접수하여 혼선을 일으키는 것이 다반사였다. 실수를 한 뒤에도 환자들과 수다를 떨거나 개인적인 통화를 하는 등 업무에 충실한 모습을 보이지 않았다. 나는 이런 경우 '겸손하게 배우려 하거나 그 사실을 미안해해야 한다'고 생각했다. 그런데 예상과 달리 그녀는 더 나아가 나에게 친근하게 굴며 월급 인상까지 요구했다. 그녀의 이런 행동들을 보며 원장으로서 어떻게 소통해야 하는지 고민했지만, 해결 방법이 쉽게 나오지 않아 화도 났으며 출근하기 싫다는 마음으로까지 이어졌다.

해결책 없이 경전반 공부로 마음을 달래던 중, 법륜 스님이 강의 도중에 "화가 나는 마음을 살펴보면 거기에는 반드시 '내 생각이 옳다!' 하는 아상我相*이 버티고 있다"고 하신 이

---

* "아상은 남과 구분된 나라는 존재를 고집하고, 모든 것을 내 중심으로 생각하는 것을 말합니다."(법륜, 『법륜 스님의 금강경 강의』, 정토출판, 2012, 64쪽)

야기가 귀에 들어왔다. 망치로 머리를 한 대 맞은 느낌이었다. 내가 원하는 간호사의 올바른 상相은 접수를 잘하는 것이었다. 그런데 그녀는 접수도 제대로 못하고, 일을 대하는 태도도 내 생각[我相]과 다르니, 그녀만 보면 화가 났음을 알게 되었다. 접수를 잘해야 한다는 간호사에 대한 나의 기대를 고집하지 않자 청소를 깨끗하게 하고 환자들과 웃으면서 응대를 능숙하게 하는 그녀의 장점이 보이기 시작했다. 그리고 간호사와 의사라는 상을 내려놓자 나 또한 '의사'로서 환자를 잘 보는 일 외에도 필요한 순간에는 '간호사'가 되어 접수일도 하고 청소도 할 수 있어야 한다는 생각이 들었다.

또 그녀가 누군가의 사랑스러운 아내이며 소중한 어머니라는 사실에 생각이 미쳤다. 그러자 내가 남의 귀한 부인에게 지나치게 화를 낸 것이 아닌가 하는 마음이 들었다. '간호사'라는 상에 사로잡히지 않자 자연스럽게 그녀가 한 사람의 인간으로서 보이며 답답한 마음이 사라지고 간호사로서는 아직 서투른 접수 업무를 잘할 수 있도록 도와주게 되었다.

『금강경』을 통해 내가 화나는 이유가 '아상' 때문임을 알게 되고, 의사라는 직업과 원장이라는 직책이 주는 상에 집착하지 않으니 삶이 다소 편안해졌다. 그런데 나는 이전에도 『금강경』을 무수히 독송했는데 왜 이런 이치를 전혀 몰랐는지 의문이 들었다. 나는 『금강경』을 독송하는 힘으로 어려움을 해결한다는 믿음에만 의지하면서『금강경』에 적힌 글자를 읽기만 했던 것이었다. 경전 강의를 통해 글자가 전하는 이치를 알게 되니 화가 나는 상황에 부딪힐 때마다 '어떤 생각[相]에 사로잡히고 있는지'를 떠올리며 자신을 조금씩 살피게 된다. 그러다 보니 일상의 사소한 짜증이나 번뇌가 줄었다.

처음『금강경』을 읽었을 때는 '선세죄업 즉위소멸'의 글귀에 기대어 이혼 과정을 건너갈 수 있었고, 지금은 '아상'을 공부하여 성냄이 줄어드니 삶이 한결 편안해졌다. 저마다『금강경』을 읽으며 마음에 와닿는 구절은 다를 것이다. 어렵고 뜻을 알 수 없는 주문 같은 말들로 이루어진『금강경』에 선뜻 다가서기에 부담감이 있을 수도 있다. 그래서 그 시작을 일상적인 경험에 빗대어 풀어 나가는『금강경』으로 만나 보면 어떨지 제안하고자 한다. 일상에서 만나는 가지각색의 어려움을 해결하는 데에『금강경』을 처방하는 것이다. 그리고 저마다의 삶 속에서 이미 반짝거리는 보물을 발견하기를 바라는 마음, 모두가 행복해지기를 바라는 마음을 중심에 두고『금강경』을 소개한다.

**일러두기**

1 이 책에서는 『금강경』 번역을 총 세 가지 판본에서 인용했습니다. 법륜 스님 강설 풀이의 정토출판본(2012), 정화 스님 강설 풀이의 법공양판본(2005), 신근영 풀이의 북드라망판본(2014)입니다. 각각은 『법륜 스님의 금강경 강의』, 『금강경』(정화 스님), 『낭송 금강경』으로 표기하고, 해당 쪽수를 달아주었습니다. 『금강경』 전체 원문과 번역은 신근영 풀이로, 이 책 말미에 실었습니다.

2 『금강경』을 제외한 인용 서지의 표기는 해당 서지가 처음 나오는 곳에 지은이, 서명, 출판사, 출판 연도, 인용 쪽수를 모두 밝혔습니다. 이후 다시 인용할 때는 지은이, 서명, 인용 쪽수만으로 간략히 표시했습니다.

부처의 탄생, 『금강경』의 탄생

# 1. 부처가 세상에 나타나다

『금강경』에 대해 알기 위해서 부처님의 생애와 불교의 역사적 흐름을 먼저 짚어 보고자 한다. 먼저, 부처의 탄생이다.

어릴 때 나는 부처님이 불교라는 종교에서 제일 높은 분의 이름인 줄 알았다. 그런데 불교 공부를 본격적으로 해보니 부처는 그런 의미가 아니었다. 부처는 '깨달은 자'를 가리키는 보통 명사였다. 우리도 깨달으면 누구나 부처가 될 수 있음을 의미한다는 말이다. 부처님이 역사 속의 위대한 위인으로만 존재하는 것이 아님을 알고 놀라움을 느꼈다. 그리고 '누구나 부처가 될 수 있구나' 하고 가슴 설레었던 기억이 있다.

그렇다면 최초의 부처님, 세상에서 처음으로 '스스로 깨달아 부처'가 된 자는 누구일까? 우리에게 알려진 바로는 '고타마 싯다르타'(Gautama Siddhārtha)라는 이름을 가진 인물이다. 고타마 싯다르타는 인도의 작은 도시 국가 중 하나인 카필라국의 왕자였다.

왕자로 태어나 풍족한 생활을 누리던 싯다르타는 열두 살에 농경제에 참석하게 된다. 싯다르타는 행사장에서 편안하게 웃고 즐기는 자신과 다르게 얼굴이 땀으로 범벅이 되어 힘겹게 밭을 가는 농부의 모습법륜, 『인간 붓다』, 정토출판, 2018, 123쪽을 보고 마음이 불편했다. 그때 농부는 밭을 가는 소를 때렸고, 소는 구슬피 울며 쟁기로 흙을 팠다. 왕자의 마음에 더 큰 충격을 준 것은 쟁기로 파헤친 흙 속에서 벌레가 꿈틀거리며 나타나자 하늘에서 새가 쏜살같이 날아와 벌레를 쪼아 먹는 것이었다. 싯다르타는 산 것끼리 서로 잡아먹지 않고는 살아갈 수 없는 현실을 눈앞에서 보았다.

싯다르타는 농부에게 다가가서 물었다. "당신은 무엇 때문에 이렇게 고생하고 있습니까?" 그러자 농부는 대답했다. "곡식을 거두어서 국왕에게 세를 바치기 위해서입니다."법륜, 앞의 책, 124쪽 처음에 싯다르타는 농부와 소, 새의 고통이 자신과 상관이 없다고 생각했다. 그러나 이 대답을 듣고 이들의 고통에 자신의 안락이 연결되어 있다는 사실을 자각한다. 열두 살인 싯다르타의 놀라운 통찰력과 공감능력에 감동하지 않을 수 없는 장면이다. 곧 싯다르타는 '어떻게 하면 모두가 함께 괴로움 없이 살아갈 수 있을까?' 하는 질문을 품고 잠부나무 아래서 깊은 명상에 들어간다.

이후 청년이 된 싯다르타는 궁전 밖을 나가서 노인, 아

폰 병자, 화장터로 가는 사체死體를 보게 된다. 싯다르타는 '태어난 사람은 왜 아프고 늙고 병들며 죽는 고통을 겪어야 하는가? 늙음, 병듦, 죽음의 고통에서 벗어나는 방법은 없을까?' 하는 질문을 마음에 품는다. 싯다르타는 왕궁의 풍요로운 삶을 누리며 훌륭한 왕이 되는 것으로는 이 질문들에 대한 해답을 얻을 수 없음을 알게 되었다. 결국 그는 "29세에 자기가 배운 학문으로 나라를 부강하게 만드는 길을 포기"<sub>김광하, 『금강경과 함께 역사 속으로』, 운주사, 2003, 60쪽</sub>하고 세상과 인간의 고통을 해결하기 위해 편안하고 안락한 왕궁을 떠나 구도의 길에 나선다.

싯다르타는 출가 후 처음 만난 두 스승, 알라라 칼라마(Alara Kalama)와 웃다카 라마풋타(Uddaka Ramaputta)를 통해 선정禪定: 마음이 산란한 것을 멈추고 마음을 고요하게 통일하여 명상하는 것의 높은 경지를 체득했다. 두 스승은 싯다르타가 도달한 선정의 능력을 확인한 뒤 교단을 같이 이끌자고 제의했지만, 싯다르타는 그곳을 떠나기로 마음먹는다. 왜냐하면 명상하며 느끼는 선정의 상태에서는 정신이 온전히 나에게 집중되어 욕망이 소멸한 것처럼 보이지만, 명상이 끝나 선정이 풀린 일상생활에서는 다시 욕망 때문에 괴로웠기 때문이다. 즉, 삶에서 궁극적으로 작동하는 생로병사生老病死의 문제를 해결할 수 없었다. 그리고 개인적으로 도달하는 선정의 상태는 자신만을 편안하게 했기에 주위에 존재하는 모든 중생衆生의 괴로움을 구해 주는 방편이 될 수도 없었다. 싯다르타는 이 세계의 실상, 즉 서로 잡아먹고 먹히는 괴로움에서 모든 중생이 벗어나기를 바랐기에 과감히 이 방법은 아니라고 판단했고 두 스승을 떠나게 된다.

그다음 싯다르타가 선택한 것은 자이나교의 '고행주의'였다. 당시 자이나교에서는 인간은 정신과 육체로 되어 있는데 육체적 욕망으로 지은 행동이 업業: 미래에 선악의 결과를 가져오게 된다고 하는 몸과 입과 마음으로 짓는 선악의 소행을 만든다고 보았다. 이 육체적 업이 정신을 구속하여 현실적 괴로움을 겪는다고 주장했다. 그래서 자이나교는 괴로움을 일으키는 업을 소멸시키고 새로운 업의 유입을 막고자 '고행'이라는 수행 방법을 택했다. 싯다르타도 이 고행의 방법으로 수행하고자 했다. 그래서 싯다르타는 6년간 씻지도 않고 하루에 쌀 한 톨만을 먹으며 목숨이 끊어지기 일보 직전까지 지독한 고행을 하였다. 이때의 싯다르타를 다음과 같이 묘사하기도 한다.

경전에 보면 오랜 고행으로 인해 붓다의 뱃가죽이 등뼈에 달라붙었고, 대변이나 소변을 보려고 하면 머리가 땅에 꼬꾸라졌으며, 손으로 사지를 문지르면 뿌리가 썩은 털들이 몸에서 우수수 떨어져 나갔다고 한다.일묵, 『사성제』, 불광출판사, 2020, 21쪽 어떤 수행자도 흉내 내지 못할 가장 지독하고 극심한 고행을 했지만, 싯다르타는 깨닫지 못했다.

고행을 계속하던 어느 날 그는 12세 때 잠부나무 밑에서한 명상이 생각났다. 농경제에서 농부, 소, 벌레들의 괴로움을보고 일체 만물이 고통에서 벗어나기를 바랐던 그 명상이다.그 순간 싯다르타는 선정이나 고행이 아닌 새로운 수행을 이어 가기로 마음먹는다. 그러자 동시에 하늘에서 천신들이 나타나 싯다르타의 곁을 둘러싸며 산해진미를 공양하고 부드럽게 잘 지어 낸 옷을 전하고자 하지만 그는 모두 거절한다. 하늘의 공양을 받아들이면 후대의 사람들도 그와 같이 깨달음의 길에서 천신이 필요하다고 생각할 것을 염려했기 때문이다. 싯다르타는 진정한 깨달음의 길을 중생 스스로 갈 수 있어야 한다고 생각했다. 모든 천신이 건네주던 음식을 마다한 싯다르타는 고행으로 쇠약해진 몸을 회복하고자 수자타라는 여인이 공양한 우유죽을 먹는다. 그리고 분소의(시체를 싸던 옷)를 입고 길상이라 불리는 풀로 방석을 만들어 보리수나무 아래에서 명상에 든다.

"비록 이 가죽, 힘줄, 뼈만 남고 피와 살이 말라비틀어져죽는다고 할지라도 완전한 깨달음을 얻을 때까지 이 자리에서 움직이지 않겠다. 그는 끈기 있게 노력했고 전념했으며 진리를 얻어 완전한 깨달음을 얻겠다고 굳게 결심했다." 빠야닷시 테라, 『붓다의 옛길』, 유미경 옮김, 달물, 2018, 22쪽 이렇게 하여 싯다르타는 생로병사의 고통에서 벗어나는 방법으로서 중도中道와 사성제四聖諦, 십이연기十二緣起*를 깨닫게 된다. 이때 싯다르타의 나이는 35세였다. 이후부터 그는 부처님(부처가 된 싯다르타에 대한 존칭, 이하 '부처님'으로 표기)으로 불리게 된다.

　　미리 언급하지 않았지만, 처음 싯다르타가 고행을 시작할 당시에 그의 곁에는 다섯 수행자가 있었다. 그런데 수행 도중 싯다르타가 갑작스럽게 고행을 그만두고 우유죽을 먹는 모습을 보게 된다. 이를 보고 다섯 수행자는 그의 수행은 실패했다며, 그동안의 시간에 대한 배신감으로 실컷 욕을 하고 떠나게 된다. 그후 싯다르타는 보리수나무 아래에서의 명상으로 중도, 사성제, 십이연기의 깨달음을 얻었다. 깨달음을 얻은 싯다르타는 고행을 같이했던 다섯 수행자와 진리를 나누고 싶다고 생각한다. 바로 실천에 옮겨 우루벨라에서 꼬박 7일을 걸어서 그들이 있는 바라나시로 갔다.

　　이 대목에서 감동이 밀려왔다. 생각해 보면, 당시 부처님

---

* 중도(中道): 고(苦)와 낙(樂)의 양면에 대한 집착에 치우치지 않고 올바르게 행동하고 판단하는 일, 양극단에 치우치지 않는 바른 길.
　사성제(四聖諦): 제(諦)는 진리·진실이란 뜻이며, 그러한 진리가 신성한 것이라 하여 사성제 또는 사진제(四眞諦)라 한다. 불교의 실천적 원리를 나타내는 것으로 고제(苦諦)·집제(集諦)·멸제(滅諦)·도제(道諦)의 네 가지 진리를 말한다.
　십이연기(十二緣起): 괴로움이 일어나는 열두 과정.

의 몸 상태는 우유죽을 조금 먹었으나 6년간의 고행으로 아주 쇠약해진 상태였다. 정신적으로 깨달았을지 몰라도 육체적으로는 극도로 지친 상태였던 것이다. 그는 노쇠한 몸을 보전하고 체력을 회복하기 위해 힘쓰며 자신을 먼저 돌보기보다 6년을 함께 수행한 다섯 수행자를 향해 발걸음을 내디뎠다. 고귀한 진리를 나누고자 하는 지극한 마음뿐이었다.

다섯 수행자는 싯다르타가 갑작스럽게 고행을 멈추자 수행을 그만두었다고 판단해 그를 떠났다. 그러나 부처님은 떠난 다섯 수행자에게 진리를 전하기 위해 먼 길을 나선다. 바라나시에 가까워질수록 다섯 수행자는 먼발치에서 부처의 모습을 발견하고 그를 무시하기로 결의한다. 그러나 그들도 수행자는 수행자였다. 부처님이 점점 가까이 다가올수록 그가 풍기는 분위기와 모습에 자신들도 모르게 감동하여 결국 다섯 수행자는 조금 전의 결의를 잊은 채 부처님의 가르침에 귀를 기울이게 된다.

6월 보름, 달이 동쪽 하늘에 밝게 떠오르는 저녁 무렵에 부처님은 다섯 수행자에게 다음과 같이 말했다.


"비구들이여, 출가자가 가까이하지 않아야 할 두 가지 극단이 있다. 무엇이 둘인가? 감각적 쾌락의 탐닉에 몰두하는 것과 자기학대에 몰두하는 것이다. 이 두 가지 극단을 의지하지 않고 여래如來는 중도를 완전하게 깨달았나니 안목과 지혜를 만들고 고요, 최상의 지혜와 바른 깨달음, 열반으로 인도한다. 그러면 비구들이여, 중도란 무엇인가? 그것은 바로 성스러운 여덟 가지 길(팔정도八正道)이다. 바른 견해, 바른 사유, 바른 말, 바른 행위, 바른 생계, 바른 노력, 바른 사띠팔리어로 바른 마음 챙김, 알아차림을 뜻함, 바른 집중이 그것이다."삐야닷시 테라, 『붓다의 옛길』 25~26쪽

이 가르침을 초전법륜初轉法輪이라고 한다. 세상에 처음으로 법을 전하는 수레바퀴를 굴렸다는 뜻이다. 그리고 초전법륜 중 가장 처음 전한 법法이 '네 가지 성스러운 진리'인 사성제四聖諦이다.

태어났지만 먹고 먹히면서 살아가다가 늙고 병들어 죽어야만 하는 모든 생명체의 고통[苦]을 관찰하신 후, 그런 고통의 원인[集]을 발견하셨으며, 그런 고통에서 벗어난 경지[滅]를 체득하셨고, 고통에서 벗어나는 방법[道]을 가르치셨다. 이를 '네[四] 가지 성聖스러운 진리[諦]'란 뜻에서 사성제四聖諦라고 부른다.김성철, 『눈으로 듣고 귀로 읽는 붓다의 과학 이야기』 참글세상, 2014, 21쪽

사성제의 진리를 기억한 뒤 부처님은 수행자가 쾌락과 고행, 어느 한쪽에도 빠지지 않는 중도中道의 길을 가야 한다고 설했다. 동시에, '모든 현상이 조건 따라 일어나고 조건 따라 사라진다'라는 깨우침을 전했다. 이를 상세히 설명한 것이 '십이연기'十二緣起이다. 그리고 이렇게 모든 현상이 조건에 따라 생멸한다는 것은 모든 것이 무상無常하고 실체가 없다는 말이다. 즉 '무아'無我의 지혜를 말씀하셨다.

부처님의 초전법륜 설법에 다섯 수행자 중 한 명인 콘단냐교진여憍陳如가 가장 먼저 깨닫고 나머지 네 명도 차례로 깨달음을 얻었다. 다섯 수행자가 부처님에게 귀의하고 나서 모두 차례로 깨달음을 얻은 뒤 승려 자격을 갖춘 비구들의 공동체인 승가가 탄생했다. 부처님은 다섯 수행자를 깨달음의 경지에 들게 함으로써 자신이 가르쳐 준 방법이 옳음을 증명하였다. 이로써 부처가 된 것을 스스로 확인할 수 있었다.법륜, 『인간 붓다』, 393쪽

그리고 얼마 지나지 않아 부유한 젊은이 야사가 이끄는 55명의 청년이 승가에 들어왔다. 인도에서는 비가 오는 우기인 7월~10월에는 한곳에 모여 집중적으로 수행하는데 이를 '안거'安居라 한다. 여름 안거가 끝날 때 부처님은 아라한의 경지에 오른 60명의 제자에게 다음과 같은 법을 설했다.

"비구들이여, 나는 인간계나 천상계에 속하는 모든 속박에서 벗어났다. 너희들 또한 인간계와 천상계의 모든 속박에서 벗어났다. 이제 이 세상에 대한 자비심으로 많은 사람의 행복과 기쁨을 위해, 신과 인간의 유익과 행복을 위해 길을 떠나라. 두 사람이 같은 방향으로 가지 마라. 처음도 뛰어나고, 중간도 뛰어나고, 끝도 뛰어나고, 의미와 내용이 있고, 더없이 완벽한 이 법을 널리 설하라. 깨끗한 삶을, 완전하고 순수한 이 성스러운 삶을 널리 설하라. 세상에는 눈에 먼지가 거의 없는 사람들도 있나니, 이들은 법을 듣지 못하면 깨닫지 못할 것이다. 나 또한 우루벨라의 세나니가마로 가서 법을 설하겠다." 삐야닷시 테라, 『붓다의 옛길』 26~27쪽

이렇게 해서 부처님은 깨달음 이후 45년간 제자들과 함께 인도 전역의 크고 작은 길을 걸어 다니면서 중생들을 무한한 자비와 지혜의 광명으로 감싸 안았다. 그리고 괴로움에서 벗어나는 방법을 상세히 알려 주셨다. 바로 부처님의 가르침의 처음과 끝인 '중도'와 '사성제', '십이연기'였다. 부처님은 숨이 끊어지기 직전에도 "세간의 모든 사문과 바라문들이 모두자기 말이 옳다 하고 다른 사람의 말은 그르다 하니, 과연 어떤 것이 진리인지 어떻게 알 수 있습니까?" 하고 묻는 120세의 수바드라(Subhadra)석가가 죽기 직전 찾아와 마지막 제자가 된 사람에

게 대답하고 팔정도와 중도의 가르침을 전한다.

이처럼 부처님이 법을 설할 때는 카스트 계급, 남녀에 차별을 두지 않았다. 가난한 사람이나 부자, 불가촉천민과 바라문 계급, 왕자와 거지, 서로 다른 계층의 남녀 누구나 부처님의 법을 듣고 귀의해 평화와 깨달음의 길을 따랐다. 45년간 부처님은 많은 사람을 깨달음의 길로 인도했다. 부처님은 80세에 쿠시나가라 사라나무 숲에서 제자들에게 마지막 유훈을 남기고 돌아가신다. "형성된 것들은 소멸하기 마련인 법이다. 방일放逸하지 말고 해야 할 바를 모두 성취하라." 『디가니까야』 2권; 삐야닷시 테라, 『붓다의 옛길』, 31쪽에서 재인용 마지막 순간에도 제자들에게 하신 말씀이 '게으르지 말고 열심히 정진하라'였다.

세계 4대 성인 중 한 명인 부처님은 인류의 영적 스승으로서의 이미지가 대단하다. 불교를 모르는 사람들이라면 부처가 대단한 업적과 특별한 능력을 갖추고 있으리라 생각할 수도 있다. 그러나 부처님은 괴로움을 벗어나는 길을 찾으려는 마음 하나로 출가했을 뿐이고, 그 길을 찾은 뒤에는 45년간 줄곧 진리의 법法을 펴는 일을 했다.

또 부처님의 가르침은 아주 단순하다. 그는 중생들에게 중도中道 수행을 통해 괴로움에서 벗어날 수 있다고 알려 주셨다. 그리고 세상 만물은 연결되어 있다는 '연기'緣起를 설파하는 일을 하셨다. 부처님이 중도와 연기의 가르침을 통해 깨달음으로 가는 길을 열어 주었으니, 각자가 그 길을 따라 노력하면 누구나 진리인 '법'法을 깨달을 수 있다는 것이다. 이것이 부처님이 주는 가르침의 가장 핵심이다. 부처님은 우주 만물의 진리를 스스로 깨치고 인류가 가야 할 영적 비전을 알려 주었기에 성인 중 한 명으로 기억되는 것이다.

## 2. 불교의 혁명, 대승불교

부처님이 살아 계실 때는 가르침이 기록되지 않았다. 부처님은 만나는 사람이 처한 저마다의 상황과 질문에 따라 다양한 대답을 했을 뿐이다. 그 설법의 요지는 질문하는 자가 괴로움을 마주 보고 결국은 그 고통을 소멸시킬 수 있는 지혜의 길로 들어서는 힘을 갖추도록 돕는 것이었다. 질문하는 사람의 상황에 따라 고민을 해결하는 방법도 물론 차이가 있었다. 그러니 딱 정해진 정답 같은, 틀에 박힌 해답지는 없었다. 만약 진리에 대해 논쟁이 생기면 직접 부처님이나 부처님이 인정하는 제자에게 물어보면 되었다.

그런데 부처님이 돌아가시자 문제가 생겼다. 부처님이 돌아가신 후 맏형 격인 제자 마하카사파마하가섭摩訶迦葉는 승단에 있던 어떤 비구가 "부처가 죽어서 이제 잔소리를 듣지 않아도 되겠네"라고 하는 충격적인 말을 들었다. 후대에 불교를 접한 우리는 부처라는 존재를 영적으로 귀감이 되는 지도자

이자 길잡이로 생각하지만 정작 당시의 제자 중 한 명에게는 잔소리꾼에 불과하기도 했다. 위기를 감지한 마하카사파는 부처님 말씀을 정확히 전달해야 할 필요성을 느껴 회의를 소집한다. 제자 500명이 모여서 부처님 살아생전 수많은 사람과 괴로움에 관해 묻고 답한 내용을 서로 올바르게 기억하는지 확인한 뒤 정확하게 기억한 내용을 암송하여 전달하기로 한 것이다. 이렇게 부처님 살아생전의 말씀을 후대에 최대한 그대로 보전하여 전달하는 '초기 불교'가 탄생했다.

부처님이 열반에 들고 난 뒤부터 부처님을 직접 뵙고 설법을 들었던 일대 제자들이 모두 사라질 때까지 약 100년 동안은 '초기 불교'의 가르침이 잘 유지되었다. 그런데 세월이 흘러 부처님의 말씀을 직접 들었던 제자들이 모두 죽고 사회 환경도 변하면서 부처님의 가르침에 대한 해석이 다양해진다. 시대 변화에 맞춰 스님들이 지켜야 하는 계율인 율법이 변해야 한다는 대중부大衆部와 부처님이 계시던 시기 그대로 불교 원형을 보존하자는 상좌부上座部로 불교가 분열된다. 이후 계율과 교리에 대한 해석의 차이로 인해 불교는 상좌부에서 11부, 대중부에서 9부로 나뉘어 총 20부파가 성립된다. 이를 '부파불교'部派佛教라고 한다.

부처님 사후 300년 즈음하여 인도를 통일한 아소카(Asoka, 재위 B.C. 268?~B.C. 232?) 왕은 상좌부와 대중부로 분열

된 불교를 화합하고자 노력하였다. 그러나 중재와 통합에 실패한 아소카 왕은 상좌부의 손을 들어 주고 대중부 스님들을 인정하지 않았다. 아소카 왕은 불교를 통치이념으로 택하고 상좌부 승단을 전폭적으로 지지했다. 지지의 한 가지 방법으로 탁발 수행을 하던 승려들에게 토지를 하사하였다. 그러자 경제적으로 윤택해진 승려들은 걸식하면서 세상을 돌아다니며 부처님의 가르침을 펴는 일을 소홀히 하게 되었다. 그 대신 사원 속에서 불교를 이론화(아비달마 교학불교)하는 학문 탐구에 몰두했다. 또한 선정 수행을 통해 자신이 아라한이 되는 것을 목표로 삼게 되었다.

여기에서 '아라한'에 대해 정리하고자 한다. 도올 김용옥은 "부파불교의 수도인들이 지향한 이상적인 인간상을 우리는 '아라한'(줄여 '나한')이라고 부른다. 그런데 이 아라한이라는 말은 원래 초기 불교집단에서 인간 싯다르타를 존경하여 부르던 열 개의 존칭[十號] 중의 하나였다. (……) 응공應供 즉 아라한이란, 얻어먹어도 그것이 업이 되지 않는 사람이란 뜻이다"김용옥, 『도올 김용옥의 금강경 강해』, 통나무, 2019, 87~88쪽라고 설명하고 있다. 그만큼 존경스러운 사람이란 뜻이었는데 부파불교의 시대에 내려오면서 이러한 아라한의 의미가 변한다. 선정 수행을 통해 도달하는 과정인 수다원, 사다함, 아나함의 과정을 거쳐 최종적으로 아라한이 되는 것으로 말이다. 아라한은 사원에서 고립된 생활을 하는 수도인이 도달하는 최고의 성스러운 경지라는 의미를 지니게 되었다. 또한 4단계를 거쳐 최종적으로 도달한 아라한이 어떤 상태인지에 대해서는 부파마다 견해가 달랐다. '아라한이 어떤 경지인가?' 하는 문제로 다투고 논쟁하는 가운데 불교는 점점 대중들과 멀어졌다.

한편 고대로부터 내려오던 브라만교가 불교의 철학 및 인도 토착 신앙을 흡수하여 사상을 재정비하면서 힌두교로 탄생하였다. 결국 아소카 왕의 지지를 받은 부파불교가 일상과 동떨어진 개념인 아라한에 대해 논쟁할 때, 불교를 통해 소원을 빌거나 자신의 괴로움을 해결하기 위해 수행하던 대중들은 대거 힌두교로 떠나게 된다. 이에 불탑을 돌며 부처님 법을 지키려 하던 재가 불자들과 부파불교에 속하지 않은 승려들이 모여 새로운 불교의 모습을 만들어 간다. 이것이 '보살'(Bodhisattva)을 수행 주체로 하는 대승불교大乘佛敎(Mahāyāna Buddhism)*이다.

'대승'大乘의 문자 그대로의 뜻은 '큰 탈 것, 뛰어난 탈 것'이다. '탈 것'이란 가르침을 비유하는 말이다. 즉 가르침을 통

---

\* 불교는 역사적으로 크게 대승불교와 소승불교로 나뉜다. 소승불교는 '아라한'에 대한 개념 논쟁으로 여러 가지 파로 갈라지는데, 이를 부파불교라고 한다. 대승불교는 소승불교를 비판하며 나타났으며, 모든 중생이 함께 부처가 되기를 발원하는 수행자를 보살이라 불렀다.

해 사람들을 미혹의 세계에서 깨달음의 세계로 실어 나른다는 뜻이다. 나 혼자만 아라한이 되겠다고 수행하는 것이 아니라 모든 중생이 함께 부처의 경지인 열반을 깨닫기를 발원하며 수행한다는 의미이다. 그리고 명칭에서 짐작할 수 있듯이, 대승大乘이 있으면 소승小乘이 있다. 대승 집단의 탄생에 따라 스스로 아라한이 되기를 목표로 살아가는 수행자의 집단을 소승이라 부르게 되었다. 이렇게 소승은 아비달마 교학불교를 빗대어 말하는 용어로 사용하기 시작한 것이다.

다시 한번 정리하자면 대승은 불교사적으로 부파불교 시대에 불교가 대중과 멀어지고 자신들만의 선정과 이론 탐구에 몰두함으로 인해 나타난 불교의 혁명이었다. 혁신적인 불교 운동의 정당성을 내세우고자 기존 종단을 비판하고 '대승'이라는 명칭을 만들었다. 자신을 대승이라 지칭하고 이전에 있던 기존 불교를 소승이라 부른 것이다. 여기에서 알아 두어야 할 점이 있다. 다시 말해서 "대승에게는 소승이 존재하지만, 소승에게는 소·대승"의 개념이 근원적으로 존재하지 않는다는 것이다.김용옥, 『도올 김용옥의 금강경 강해』, 84쪽

대승불교의 초기 공동체는 아주 적은 수로 이루어진 집단이었으나 '크다'라는 이름 덕분인지 이후 점점 세력이 확장된다. 세월이 흘러 상좌부 소승불교는 남방으로 전해져서 미얀마, 스리랑카 등지에서 아직도 원형 그대로 보존되고 있다.

대승불교는 북쪽으로 전해져서 중국과 티베트, 한국에서 꽃을 피우고 지금까지 번성하게 된다. 지금 우리나라에 있는 불교 종파도 대부분 대승불교에 속한다.

## 3. 『금강경』의 탄생, 아라한에서 보살로

대승불교의 수행 주체인 보살菩薩은 아라한과 무엇이 다를까?
보살이란, 인도 산스크리트어 보디샤트바(bodhisattva)의 한역
漢譯이다. 보디(bodhi)는 깨달음이고 샤트바(sattva)는 중생이
다. 이 두 단어의 합성어로서 보살은 중생(샤트바sattva)이지만
깨달음(보디bodhi)을 향해 가는 수행자 모두를 일컫는다. 출
가자인 승려만 깨우칠 수 있다는 소승불교의 제한성을 깨고,
깨달음의 마음을 낸 사람, 즉 보살로 수행 주체가 확대된 것
이다. 아라한이 승가제도의 보호를 받는 특수한 출가자에 국
한되었다면 보살은 출가자(스님)와 재가자(일반 신도)를 가리
지 않는다. 즉 승僧과 속俗의 이원적인 구분이 사라지는 것이
다. 이는 내가 소속된 집단, 단체만이 수행의 최고 경지인 '아
라한'에 도달한다는 분별적 사고를 거부한 것이다. 또 출가를
통해 스님이 되는 특권의식도 놓은 것이다. 즉 우월의식, 특권
의식을 꼬집으며 출가와 재가라는 이분법적인 구별을 없애는

것이 대승의 출발이다.김용옥,『도올 김용옥의 금강경 강해』93쪽

소승불교에서는 중생을 제도하는 수행자라는 개념이 없
다. 다만 자신의 모든 번뇌를 끊고 생사의 수레바퀴를 윤회하
지 않는 상태에 도달하는 아라한이 되는 것이 수행의 최고 목
표이다. 그러나 대승불교에서는 수행의 목표가 더 넓어진다.
상구보리上求菩提 하화중생下化衆生——'위로는 깨달음을 구하고,
아래로는 중생을 제도하는 것'으로 말이다. 지장보살은 지옥
에 중생이 한 명이라도 남아 있으면 성불하지 않겠다고 하였
고, 유마거사는 중생이 아프니 나도 아프다고 하였다. 지장보
살과 유마거사처럼 중생 속에서 중생을 위해 수행하여야 한
다는 뜻을 품는 것이 대승불교의 핵심이며 궁극적인 수행의
목표이다.

그렇다면 대승이 표방하는 보살은 어디에서 왔을까? 보
살은 주로 대승불교의 수행자로 언급되지만, 초기 경전이나
부파불교 시대의 불전 문학인 부처님 전생의 이야기,『본생
담』등에도 언급된다. 이때 보살은 "깨달음을 구해 수행하며,
또한 깨달음을 얻는 것이 이미 확정"된 자김성철·금강선원,『우리의 가장
위대한 유산 대승불교의 보살』, 안성두 엮음, 씨아이알, 2008, 7쪽, 즉 부처님의 전생
을 지칭하는 용어였다. 싯다르타가 살았던 당시 인도에는 윤
회 사상과 업 사상이 널리 펴져 있었다. 위대한 인물은 단지
이생만 노력해서 이루어진 것이 아니라 오랫동안 전생의 수

행과 공덕이 쌓인 결과라는 것이다. 부처가 되기로 한 수행자들은 현생의 부처의 삶보다 깨달음을 얻기 위해 수행과 덕을 쌓아 온 과거세의 삶을 더 중요하게 생각한다. 왜냐하면 그 삶이야말로 앞으로 부처가 되기 위해 지금 수행하는 우리가 걸어가야 할 길이기 때문이다.

앞서도 말했지만 '부처'는 보통 명사다. 말하자면 누구나 깨달으면 부처가 될 수 있다는 것이다. 그런데 부처님 가르침의 진정한 의미는 잊어버린 채, 자신의 깨달음에만 몰두한 부파불교 시대의 수행승들은 당시 불자들에게 실망을 안겨 주기 충분했다. 그래서 대승불교는 수행승들이 목표로 하는 아라한이라는 지위를 능가하는 최고의 목표, 즉 부처 그 자체가 되어 중생을 구제하려는 자, '보살'을 내세웠다. 보살은 "모든 중생의 궁극적인 이익을 위해 자발적으로 깨달음을 염원하는 사람들"이다. 보살은 "지혜로써 그들의 마음을 깨달음에 향하게 하고, 연민으로써 중생을 염려한다".달라이 라마, 『달라이 라마의 입보리행론 강의』, 뻬마까라 번역그룹 엮음, 이종복 옮김, 불광출판사, 2019, 30쪽

대승불교에서 보살의 모델은 부처님 전생인 수메다(Sumedha)이다. 수행 중이던 수메다는 연등불燃燈佛이 오신다는 소식을 듣고 길가에 기다리다 일곱 송이의 연꽃을 공양했다(혹은 연등불이 오신다고 하는데 수메다가 공양을 준비하지 못해 스스로 진흙 길에 엎드렸다고도 한다). 이에 연등불은 수메다가 미래

에 부처가 된다는 수기授記를 준다. 이 장면에서 수메다는 보살의 약속을 한다. 나 역시 연등불처럼 "최고의 깨달음을 얻어 많은 사람들을 고통스러운 윤회의 바다로부터 건져 올리리라"김성철·금강선원, 『우리의 가장 위대한 유산 대승불교의 보살』, 4쪽고 결의하면서 보살의 발심을 한 것이다. 수메다는 연등불의 제자가 되어 현생에서 깨달을 수도 있었다. 그러나 그는 더 많은 수행과 공덕을 쌓아 수많은 사람을 자유롭게 구제하는 부처가 되겠다는 보살로서의 긴 여정을 시작했다.

혁명적인 새로운 불교인 '대승'에서는 상구보리 하화중생의 마음을 내는 보살을 주인공으로 하는 경전들을 만든다. 『금강경』도 그중 하나이다. 『금강경』 2장에 "부처님은 보살들을 잘 돌보시고 잘 보호하고 계십니까?" 하고 묻는 제자의 질문에 부처님이 "그렇다!"라고 대답을 하신다. 대승 보살운동을 부처님이 "지지하고 보호하고 격려한다"김용옥, 『도올 김용옥의 금강경 강해』, 157쪽는 뜻이다.

그리고 『금강경』에서는 보살을 '선남자善男子, 선여인善女人'이라고 부른다. 아라한이나 수행승이 아닌 선한 남자, 선한 여자라고 굳이 칭한 것에는 보살이 선善한 보통 사람이라는 뜻이 담겨 있다. 특별한 사람이 아닌 우리 모두를 아우르는 듯하여, 개인적으로 부처의 마음이 따스하다고 느껴지는 부분이다. 말하자면 보살은 부처님처럼 수행하고 체험하여 반야의 지혜를 깨닫고자 발심하는 모든 사람을 일컫는 말이다. 『금강경』에서 부처님은 보살이 어떻게 살고 어떻게 마음을 다스려야 하는지 차근차근 알려 주신다. 『금강경』을 따라가다 보면 부처님이 살아 계실 때처럼 수행과 체험을 통해 반야의 지혜에 도달하는 보살이 될 수 있는 것이다.

　　대승불교의 탄생을 통해 불자들에게도 수행할 수 있는 환경이 만들어지면서 불교는 출가자가 되어 자신이 도달할 최고의 경지인 '아라한 되기'를 추구하는 것에서 출가자가 굳이 되지 않고도 깨달음과 중생에 대한 자비를 동시에 품는 보살로서 '부처 되기'에 참여하는 보살운동으로 바뀌게 된다.

# 1장

『금강경』, 번뇌를 깨트리는 번개 또는 귀중한 보물!

金剛經

# 1. 『금강경』의 의미

불교는 싯다르타 왕자가 생로병사의 고통에서 벗어나는 지혜를 깨달아 부처가 되어 시작했다고 볼 수 있다. 이후 불교사적으로 중요하게 다루는 두 번의 혁명이 일어난다. 그런데 신기하게도 두 사건의 주된 경전이 모두 『금강경』이다.

그 첫번째 혁명은 보살운동을 일으킨 대승불교로부터 비롯된다. 대승불교는 출가한 스님뿐 아니라 일반인인 재가 신자도 깨달음의 길을 함께 가는 것을 목표로 하는 '보살운동'을 일으키며 이전과 다른 불교의 시작을 알리게 된다. 그리고 이러한 대승불교의 정신이 담긴 경전이 『금강경』이다. 그래서 『금강경』은 어려운 아비달마 교학불교가 내세운 이론보다는 깨달음과 체험을 강조한 '근본불교'의 수행 관점을 잘 이어받았다. 부처가 된 싯다르타가 직접 사람들을 위해 설법한 것을 '근본불교'라고 한다. 일반인으로서 깨달음의 길을 가고자 하는 사람들에게 불교를 쉽게 전달해야 했기 때문에 『금강경』의 내용 구성은 간단명료하지만, 불교의 정수가 담겨 있다고도 해석할 수 있는 것이다.

두번째 혁명은 선禪불교, 일명 '선종'禪宗이라 불리는 새로운 불교의 탄생이다. 대승불교가 번성하면서 중국에서 점차 경전이 방대해지기 시작했다. 경전의 양이 많아질수록 초기의 목적을 잃고 다시 아비달마 교학불교처럼 경전의 내용과 형식에 집착하는 방향으로 변질하여 간다. 이 프레임을 깨고자 나타난 새로운 불교가 선종이었다. 선종은 '불립문자不立文字(문자에 집착하지 말고), 직지인심直指人心(바로 마음을 꿰뚫어 알아), 견성성불見性成佛(본성을 보아 부처를 이룸)'을 표방한다. 선종은 경전 공부보다 우리의 마음을 바로 보는 수행 방법을 채택한 것이다. 그런데 이처럼 경전을 최소화한 선종이 선택한 교과서가 『금강경』이다. 이는 『금강경』의 내용이 선종에서 추구하는 깨닫는 상태로 들어서기 위해서 '마음이 움직일 때 그 마음을 곧바로 자각하기'를 잘 설명하고 있기 때문이다.

이렇듯 불교사적으로 대중에게 중요한 두 가지 혁명과 깊은 관련이 있는 『금강경』은 '번개를 내리쳐 번뇌*를 깨뜨리는 지혜'의 경전이다. 다양한 『금강경』 주석서들 중에서, 『금

---

* 번뇌(煩惱)의 산스크리트어 클레사(klesa)는 '고통스럽다', '더럽다'라는 동사의 명사형으로 더러워진 마음, 괴로운 마음을 뜻한다. 근본적으로 자신에 대한 집착으로 일어나는 마음의 갈등을 나타내는 불교 심리용어이다.

강경』이 우리가 본래 가진 청정한 성품인 금강을 회복하게 한다는 해석이 눈길을 사로잡았다. 이를 토대로 다시 해석해 보면,『금강경』은 '스스로 지니고 있는 금강'을 자각하는 경전이라는 뜻이 되는 것이다.

『금강경』이라는 이름을 통해 경전이 말하고자 하는 주제와 의미를 조금 더 자세히 풀어 보자.『금강경』은『금강반야바라밀다경』金剛般若波羅蜜多經의 줄임말이다. 계속해서『금강경』세 글자로 언급해 왔기 때문에 어색하게 느껴질 수 있다. 영어와 산스크리트어에 따라 단어를 쪼개어 그 뜻을 살펴보도록 한다.

먼저 영어로『금강경』은『다이아몬드 수트라』(Diamond sutra)로 불린다. 이는 '금강'을 '다이아몬드'로 번역한 것이다. 영어권에서는 다이아몬드가 이 세상에서 가장 단단하고 귀한 보물이기 때문이다. 그렇다면 의미를 확장하여, 금강은 다이아몬드와 같은 '보물'을 뜻한다고 보기로 하자. 그다음 '반야'는 무슨 말일까? '반야'般若는 인도 언어인 산스크리트어로 '묘한 지혜'란 의미이다. 왜 지혜라는 말 대신 굳이 '반야'라는 말을 사용한 걸까?『금강경』의 지혜가 우리가 흔히 생각하는 어려운 일을 잘 해결하는 삶의 총명함을 가리키는 지혜와 다르기 때문이다. 생사 번뇌에서 벗어나는 근본적인 지혜가 반야이다. '지혜'로는 '반야'가 내포한 뜻을 다 담을 수 없다. 그래서 지혜를 품는 더 넓은 뜻으로써 '반야'라는 산스크리트어를 그대로 쓴 것이다. '바라밀'波羅蜜은 '피안彼岸에 이르다'는 의미이다. 피안은 분노, 욕심, 어리석음으로 인한 번뇌의 불이 꺼진 열반, 즉 부처의 상태를 말한다. 경전을 통해 추구하는 상태를 이름에 담았다. 마지막으로 경經은 '꿰뚫어 연결한다는 의미'로 부처님 가르침은 모두 '경'으로 번역한다.구마라집, 『도해 금강경』, 시칭시 엮음, 김진무·류화송 옮김, 불광출판사, 2018, 21~23쪽 참조 이렇게 보면 『금강반야바라밀다경』은 '보물 같은 묘한 지혜로 생사 번뇌의 불을 끄고 이로부터 자유로워지는 부처의 가르침'이라는 해석이 가능하다.

그런데 『금강경』은 인도 산스크리트어로 'Vajracchedikā Prajñāpāramitā Sūtra'이다. 산스크리트어로 보면 『금강경』 해석의 초점이 다르다. '금강'에 해당하는 산스크리트어 부분은 'Vajracchedikā'이다. 'Vajra'(바즈라)는 번개와 벼락의 신인 제석천왕帝釋天王이 들고 다니는 무기로, 금강이라는 원석을 사용해 손잡이 양쪽 끝에 두껍고 날카로운 창을 단 모양인데, 이 무기에서 제석천왕의 능력인 번개가 나온다. 다른 말로는 금강저金剛杵라고도 불린다. 그리고 'chedikā'(체디카)는 끊는다, 절단한다는 의미를 지닌 말이다. 이 둘을 합쳐 보면 번개나 벼락을 내리쳐 무엇인가를 끊는 것을 금강이라 명명했음을 알 수 있다. 즉, 금강은 예리하고 강한 무기로 번개를 내리쳐 기존의 형태를 절단하고, 무엇인가를 깨트린다는 뜻이다. 무엇을 깨트리는 것일까? 사람들의 고민거리, 즉 번뇌가 아닐까?

　나에게도 『금강경』이 깨트려 주었던 고민이 있었다. 과거에 '왜 나에게 이런 일이 일어났지?' 하는 슬픔과 '결국은 홀로 세상을 살아 나가야 한다'라는 두려움이 항상 있었다. 이런 고민은 시도 때도 없이 머릿속에 떠올라 나의 하루를 잠식했다. 아침에 일어나자마자부터 일상생활 중에는 물론이고 잠들기 직전까지 꼬리를 무는 고민은 결국 소화장애를 일으켰다. 티베트 속담에 "걱정해서 걱정이 해결되면 걱정 없겠네"라는 말이 있다. 이는 '해결할 문제라면 걱정할 필요가 없고 해결이 안 될 문제라면 걱정해도 소용이 없다'라는 뜻이다. 이처럼 걱정과 두려움은 문제를 해결하기보다 감정의 소용돌이만 더 커지게 한다. 거대한 소용돌이는 눈앞의 현실을 제대로 직시하지 못하게 하는 특징이 있다.

　『금강경』을 읽으면서 슬픔과 두려움이 옅어져서 내게 일어난 일들을 받아들일 수 있었고 지금 해야 할 일에 최선을 다할 수 있었다. 이후에도 『금강경』 공부를 통해 일상에서 일어나는 많은 괴로움이 아상我相에서 비롯됨을 알고 아상을 줄이려고 노력하니 마음이 편안할 때가 많아졌다. 이렇게 금강은 아주 단단하여 우리를 괴롭히는 번뇌를 부수는 예리한 작용이 있다. 이 부분에 초점을 맞추어 『금강경』을 보면 경전의 핵심이 번뇌를 깨트리는 점에 있다는 것을 유추해 볼 수 있다.

한편 금강의 영어 번역에서 차용했던 '다이아몬드'로 해석해 보면 『금강경』은 빛나는 보물이다. 『금강경』이 말하는 바를 이 보물에 초점을 맞추면 생각이 좀 달라진다. "금강을 번뇌를 끊어 버리는 인因이 아닌 과果로써 번뇌가 이미 끊어진 부처님의 마음", 즉 "금강심"金剛心으로 본다는 말이다. 그러면 우리의 마음 중 "오염된 번뇌의 측면이 아닌 청정한 본성의 바탕에 초점"을 둔 관점을 가지게 된다.원빈, 『원빈 스님의 금강경에 물들다』, 이층버스, 2020, 35~36쪽 말하자면 우리가 본래 금강의 마음을 가진 청정한 존재임을 기억하자는 뜻이다. 우리는 본디 다이아몬드 같은 존재인데 이를 잊어버렸다는 말이다. 이를 『법화경』에서 '옷 속의 보배 구슬'로 비유한다. 옷 속에 보배 구슬이 있는데도 이를 사용하지 않고 거지로 살아가는 한 사내가 있었다. 친구였던 부처님이 거지에게 보배 구슬의 존재를 알려주어 스스로 가진 보물을 쓸 수 있게 한다. 이렇게 우리는 본래 가지고 있는 보물을 인지하지 못하고 자신을 가진 것 없이 태어난 중생이라고 여긴다. 그러나 우리가 원래 부처임에 초점을 두면, 『금강경』은 이 본래 부처를 회복하게 돕는 경전이라는 것도 알 수 있다.

이 해석을 바탕으로 『금강경』을 다시 보면 『금강경』을 읽고 공부하는 것은 '모든 사람이 본래 가진 청정한 마음'을 되찾는 과정이라고 할 수 있다. 괴롭다면 『금강경』을 읽으면서 번뇌를 끊어내려는 노력도 필요하다. 그러나 과감히 발상을 전환하여 우리가 본디 부처인데 지금 눈이 가려져 있다고 생각해 보자. 자신을 온전한 부처로 인정하고 이를 회복하는 마음으로 『금강경』을 공부하면 고귀한 지혜인 반야에 한층 가까워질 수 있다. 왜 그럴까? 내가 이미 반야를 가지고 있음을 믿고 공부를 시작하기 때문이다.

이렇게 『금강경』은 스스로 부처인 청정한 보물을 자각하는 금강의 지혜이기도 하고, 괴로움을 일으키는 번뇌를 깨트리는 번개의 작용을 하기도 한다. 결국 『금강경』은 각자의 인연 조건에 맞게 정해진 바 없이 자유로이 쓸 수 있는 참 좋은 '아상을 깨뜨리는 번뇌 해결법'이자 '내 마음의 보물인 부처'를 회복하는 안내서이다.

## 2. 질문하는 자, 수보리

『금강경』은 인도 사위성 기원정사에서 부처님과 한 명의 제자가 나눈 질문과 대답을 엮은 경전이다. 인도의 세친世親보살(320?~400?)인도의 불교 사상가은 『금강경』이 사람을 미혹하게 하는 27가지 의심을 끊는다고 하여 27단락으로 분류하였다. 또 무착無着보살(310?~390?)유식불교를 확립한 인도의 불교 사상가은 사람이 성불에 이르기까지 수행상에 18계위를 완성하여야 한다고 하여 『금강경』을 18분과分果로 나누었다. 150~200년경 인도에서 나타난 『금강경』은 구마라집鳩摩羅什(344?~413?)*에 의해 한역漢譯되어 중국으로 전해진다. 원전인 인도 『금강경』과는 다르게 지금 우리가 보는 『금강경』은 32분分으로 이루어져 있

---

* 구마라집은 산스크리트어 kumarajiva의 음사이다. 인도 귀족인 아버지와 구차국 왕족인 어머니 사이에서 태어나서 7세 때 출가했다. 중국의 요진(姚秦)으로 가서 불교 경전 역경에 기여했으며, 당나라의 현장법사와 더불어 역경사(譯經史)의 2대 역성(譯成)으로 불린다.

다. 이는 중국으로 전해진 『금강경』을 양무제梁武帝(464~549)의 아들인 소명태자昭明太子(501~531)가 전체 내용을 32개 부분으로 나누고 각각에 제목을 붙인 데서 유래한다.

> 이와 같음을 내가 들었사오니, 한때에 부처님께서 사위국 기수급고독원에서 비구 천이백오십 인과 함께 계셨습니다. 이때 세존께서는 공양 때가 되어 가사를 입으시고 발우를 들고 사위대성에 들어가셨습니다. 그 성 안에서 차례로 걸식을 마치고 본래의 처소로 돌아와 공양을 드신 뒤 가사와 발우를 거두고 발을 씻으신 뒤 자리를 펴고 앉으셨습니다.「1. 법회가 열리던 날」(法會因由分), 『법륜 스님의 금강경 강의』 25쪽

『금강경』의 1장은 부처님의 하루를 그린다. 기원정사에서 1,250인의 스님들과 함께 생활하는 부처님의 일상이다. 부처님은 매끼 탁발을 하여 중생들에게 보시할 기회를 베풀었다. 동시에 스스로는 가장 간소하고 낮은 지위에서 생계를 해결했다. 『금강경』의 도입부인 1장은 표면적으로 보면 경이 설해지는 배경 묘사에 불과한 것처럼 보인다. 그러나 많은 동북아시아 선사禪師들이 이 첫 장면인 부처님의 "평범한 일상의 모습에 최고의 도"『법륜 스님의 금강경 강의』 37쪽가 있다고 말한다. 부처님과 스님들이 마을로 탁발하러 갈 때도 공양을 보시받을

때도 '들뜬 마음과 분별'이 사라진 상태이기 때문이다. 부처님의 하루 일상의 모든 순간이 수행이라 할 수 있다. "밥 먹고, 걷고, 씻고, 앉는 모든 일이" 그대로 "소중한 깨어 있음의 행"이다. 마조스님이 "평상심이 도道"라고 하신 말씀도 이것을 두고 하는 말이다. 생활과 수행이 둘이 아니다. 그래서 『금강경』이 말하고자 하는 도리가 1장에 모두 들어 있다고까지 한다.법

상, 『금강경과 마음공부』, 무한, 2018, 33~35쪽

그러나 1장만 읽고 우리가 『금강경』에서 말하고자 하는 지혜가 구체적으로 무엇인지 짐작하기는 무척 어렵다. 그래서 2장부터는 부처님 제자가 우리를 대신해서 부처님께 질문을 던진다. 그 제자가 바로 수보리이다.

불교는 정해진 해답 같은 것이 없다. 질문하는 사람의 상황과 조건에 맞게 부처님이 지혜를 전해 주시기 때문이다. 그래서 불경마다 부처님께 질문하는 제자가 다르고, 부처님의 답변도 제자들의 질문에 따라 다른 지혜들을 담고 있다. 예를 들어, 대승 경전인 『법화경』에서는 지혜제일인 사리불이 '부처님의 끝없고 심오한 지혜'를 질문한다. 또한 『원각경』에서는 12보살이 부처님에게 수행 절차를 묻고 답한다. 『원각경』 2장에서는 보살행을 제일 잘하는 보현보살이 '보살과 말세의 일체중생들이 대승大乘을 닦게 하기 위해서는'『한글 원각경』, 함허득통

주해, 원순 풀이, 법공양, 2002, 81쪽 어떻게 수행해야 하는 것인지 질문한

다. 그래서 '지혜와 복덕을 갖춘 부처님의 최상승 지혜'에 대해 알고 싶다면 『법화경』을, '환영에 미혹한 중생을 구제하는 보살행'이 무엇인지 궁금하다면 『원각경』을 읽으면 된다. 대부분의 불경이 질문하는 제자들의 특징에 따라 그 경전에서 말하고자 하는 바가 달라지기 때문이다.

『금강경』도 마찬가지이다. 수보리는 누구와도 다투지 않는 무쟁제일無諍第一이며 공空의 핵심을 가장 잘 아는 해공제일解空第一이다. 논쟁에 치우쳤던 부파불교 시대에 싸우지 않는 수보리를 『금강경』의 전면에 내세운 것은 대승불교가 평화와 화합을 내세웠음을 알 수 있다. 또한 『금강경』이 반야의 지혜인 공空을 터득하는 길을 가장 잘 안내한다는 것을 수보리를 통해 강조한다. 이렇듯 경전의 대답은 질문하는 사람의 특징과 연관되어 있다.

『금강경』의 수보리를 조금 더 자세히 알아보도록 하겠다. 재미있는 것은 무쟁제일인 수보리가 부처님을 만나기 전에는 싸우기를 좋아하는 청년이었다는 점이다. 수보리는 기수급고독원*을 보시한 거부巨富 '수닷타'의 조카이다. 수보리는 총명

---

* 중인도 코살라국 파사닉왕(波斯匿王)의 태자 기타(祇陀)에게 수닷타 장자(급고독 장자)가 황금을 주고 땅을 구입한 뒤 기원정사를 지어 붓다에게 바쳤다. 기타 태자가 숲을 바치고 급고독 장자가 기원정사를 지어 두 사람의 이름을 합쳐서 기수급고독원이라 하게 되었다.

하고 용모가 매우 아름다웠으나 성질이 포악하고 화를 잘 냈다. 잘생긴 데다가 지나치게 머리 좋은 수보리는 세상이 내 마음대로 되지 않으면 견디지 못했고 세상 모든 것이 못마땅했다. 그는 화가 나면 그 성정을 자제하지 못하고 미친 듯이 화를 내는 사고뭉치 청년이었다.

이런 수보리를 감당하기 어려웠던 가족들은 그에게 부처님을 한번 만나 보기를 권했다. 그의 포악한 성질이 조금이라도 나아지기를 바라는 마음에서였다. 그러나 수보리는 "부처를 만나서 무엇을 하겠나? 그는 인생이 덧없다고 하는데!"라고 받아치며 부처님 말을 오히려 비꼬았다. 그리고 숲속을 돌아다니며 사람들이나 동물들에게 고함을 치고 화내는 것을 멈추지 않았다. 숲속의 동물들은 수보리의 치받는 기운을 감당하지 못해 결국 산신에게 도움을 청한다. 산신은 수보리를 데리고 부처님이 계신 기원정사로 갔다. 그토록 완고했던 수보리가 부처님 법문을 듣고 그 자리에서 바로 출가했다고 한다.『찬집백연경』(撰集百緣經), 제10 수보리악성연(須菩提惡性緣) 도대체 부처님이 말씀하신 내용이 무엇이길래 그렇게 날뛰던 수보리를 변화시켰을까?『금강경』에서 그 힌트를 엿볼 수 있다.

이후 수보리는 열심히 수행하여 깨닫게 되고 누구와도 다투지 않는 수행자, 무쟁제일이라 불리게 된다. 부처님 제자 중 평화롭게 사는 이 가운데 제일이었기 때문이다. 나를 비난

하는 자와 다투지 않는 것은 큰 지혜에 속한다. 또 그는 탁발하는 집마다 그곳에서 자비 명상을 닦았다. 집안의 우환 중 해결하기 어려운 것 중 하나가 가족들끼리 다투는 것이다. 수보리 자신도 자기 경험을 통해 가장 잘 알았을 것 같다. 탁발하러 온 수보리가 집 앞에서 자비 명상을 하면 그의 마음이 전달되어 그 가족이 더 화목해졌다. 그래서 많은 사람이 그를 대접하기 좋아하여 수보리에게는 공양제일供養第一의 칭호가 붙었다. 수보리는 그에게 보시하는 사람이 자비의 마음을 배우기를 원했다. 바라는 마음 없는 자비심으로 보시한 공덕이 최상의 진리를 배울 기회임을 알았기 때문이다. 그는 "탁발할 때 집집마다 그곳에서 자비의 명상을 닦았으므로 그에게 주어지는 보시는 최상의 공덕을 낳았고, 법을 가르치는 데도 차별이나 한계를 두지 않았다".『테라가타』, 전재성 역주, 한국빠알리성전협회, 2016, 490쪽고 한다.

수보리가 보살승 운동의 초기 경전인『금강경』에서 질문자로 발탁된 중요한 이유 중 하나가 그가 한 '모든 사람이 최상의 진리를 성취하기를 바라는 마음!'이라는 발원이다. 사실 아라한들은 번뇌를 소멸하여 모든 고통에서 벗어났기 때문에 특별히 무엇인가를 더 원하거나 가지려고 하는 인위적인 문제의식을 일으키지 않는다. 한 가지 에피소드로, 아라한들은 생존을 위한 최소한의 음식만 있으면 숲속에 홀로 오랫동안 머물 수 있었다. 그래서 어느 아라한이 한적한 곳에 자리를 잡고 오랜 시간 동안 아주 적은 음식을 먹으며 굳이 탁발을 나가지 않았다. 이 사실을 알게 된 부처님은 자비심이 부족하다는 이유로 이 아라한을 호되게 경책한다. 탁발은 수행자들이 일반 중생들을 교화하는 중요한 자비행이기 때문이다.원빈, 『원빈 스님의 금강경에 물들다』, 53쪽 이 에피소드 속 아라한과 달리 수보리는 보살이 가야 할 방향을 명확히 보여 준다. '상구보리'—즉 깨달음을 성취한 아라한이면서 동시에 '하화중생'—다른 중생을 위한 자비 명상을 끊임없이 실천하는 모습을 보여 주기 때문이다.

지금까지의 설명과 더불어 수보리는 '해공제일'로 가장 널리 알려져 있다. 그럼 수보리가 제일 잘 안다는 공空이란 무엇일까? 공空의 한자 뜻풀이는 '비다, 없다, 헛되다'이다. 하지만 '공'은 단순히 텅 비어 있어 아무것도 없다는 뜻이 아니다. 여기서 공은 '미리 결정되어 고정 불변하는 실체가 없다'는 의미이다. 따라서 '공'은 인연 따라 유동하고 변화하는 상태를 말하는 것으로 조건에 따라 무엇이든지 될 수 있다는 말이다. 내가 만나는 사람(조건)에 따라 나는 어머니가 되기도 하고, 딸이기도 하며, 의사가 되기도 하고, 학생이기도 한 것과 같은 이치이다. '나는 무엇이다!' 하고 고정되어 확정된 그 무엇이 없다(아공我空)는 뜻이다.

그런데『금강경』에서는 '공'이란 말을 직접 쓰지 않는다. 그러면 왜『금강경』에서 해공제일인 수보리가 부처님께 질문을 할까? 잠깐 대승불교가 나타난 시점으로 돌아가 보자. 대승불교는 아비달마 교학불교를 비판하면서 나타났다. 아비달마 교학불교에서는 승려들이 부처님의 가르침을 체계적으로 정리한다. 이렇게 논리적으로 법을 정리한 것은 불교사적으로 중요하다. 그러나 아비달마 교학불교는 부처님이 애초에 가르침을 펼치셨던 근본 취지를 망각했던 것이 문제였다. 부처님께서는 모든 속박에서 벗어나 열반의 경지로 가는 법을 가르쳤다. 그런데 아비달마 불교도들은 부처님 가르침, 그 자체인 교법에만 집착한 것이다.김성철,『중론, 논리로부터의 해탈 논리에 의한 해탈』불교시대사, 2004. 20~21쪽

『금강경』에서 부처님은 가르침(교법)을 뗏목에 비유한다. 강을 건너갈 때는 뗏목이 필요하다. 그러나 강을 건너 저 언덕에 도착했는데도 뗏목을 짊어지고 가는 것은 어리석지 않은가. 강을 건너가는 것이 중요하지, 건너가는 방편인 법에 집착하지 말라는 말이다. 이를 법공法空이라 한다. 법과 교리에 도움을 받아 깨달음의 길을 이어 갈 수 있지만 이 또한 변화하는 것이다. 이렇게『금강경』은 직접적으로 공空을 말하지 않지만, '공'의 논리를 압축하고 있다. 그래서 해공제일인 수보리가 부처님에게 질문하는 자로 설정되었다.

수보리의 별명인 '해공제일'과 '무쟁제일'을 통해 우리는 『금강경』이 말하는 바를 짐작할 수 있다. '공의 지혜와 누구와도 다투지 않고 세상에 머무르는 자비'라고 말이다.

## 3. 혜능, 『금강경』을 만나 나무꾼에서 선불교 스승으로

수보리가 『금강경』의 특징을 가장 잘 나타낸다면 『금강경』을
세상에 가장 널리 알린 사람은 누구일까? 바로 육조 혜능六祖
慧能이다. 육조는 중국 선불교의 여섯번째 스승이라는 뜻이다.
나무꾼이었던 혜능이 『금강경』 한 구절 '응무소주應無所住 이생
기심而生其心'(머무는 바 없이 마음을 내라)을 듣고 깨달아 육조가
된 것은 불교를 조금이라도 접해 본 사람에게는 너무나 유명
한 에피소드이다. 『금강경』을 통해 나무꾼에서 선불교의 스승
으로 삶이 통째로 변해 버린 혜능을 알기 위해 지금부터 1,300
여 년 전 중국의 시공간으로 이동해 보자.

혜능(638~713)은 영남嶺南이라고 부르는 양쯔강 이남 신
주新州에서 태어났다. 일찍 아버지를 여읜 혜능은 홀어머니를
모시고 나뭇짐을 팔아 하루하루를 연명하며 살았다. 당연히
글도 배우지 못했다. 어느 날 혜능이 땔감을 팔고 나오는 길
에 『금강경』을 읽는 소리를 듣게 된다. '응무소주 이생기심'이

라는 구절을 듣다 마음에서 큰 변화가 일어났다. 분별하는 의식[意]『금강경』 182쪽이 떨어져 나간 것이다. 혜능은 마음의 변화를 일으킨 이 글귀를 자세히 배워 보고 싶어졌다. 스님에게 물어 보니 황매산에 있는 오조五祖 홍인弘忍 대사를 찾아가라 했다. 혜능은 순간 혼자 남을 어머니 때문에 망설였다. 이때 스님은 혜능이 『금강경』에 대해 질문하는 것을 듣고 그의 범상함을 알아챘다. 그래서 스님은 혜능에게 어머님 봉양할 돈을 보시했고 그는 편안한 마음으로 황매산으로 떠나게 된다.

혜능은 홍인 대사를 찾아가 "응무소주, 머물지 않는 마음을 찾으러 왔습니다"라고 한다. 홍인은 "영남 오랑캐인 네가 부처가 될 수 있겠느냐?"고 질문한다. 사람들은 영남이 북쪽보다 문화가 뒤떨어졌다고 이곳 사람들을 오랑캐라고 불렀다. 이때 혜능은 기죽지 않고 "사람들은 남과 북이라는 분별로 오랑캐 취급을 하지만 불성에 어찌 남과 북이 있습니까?" 하고 받아친다. 이에 홍인 대사는 혜능이 보통 사람이 아님을 알아본다. 그때 홍인 대사에게는 촉망받는 제자인 신수神秀 스님이 있었고 이 외에도 700여 명에 이르는 스님들이 있었다. 홍인 대사는 기존에 있던 수백 명 제자의 마음이 이미 신수 스님을 다음 스승으로 받들고 있다는 사실을 알고 있었다. 그래서 홍인 대사는 혜능이 너무 특출하다는 사실이 알려지면 기존 스님들이 그를 적대시할 것이 염려되었다. 이처럼 몇 수 앞을 내다본 홍인 대사는 "본당에서 떨어진 방앗간에서 방아나 찧어라"라며 어쩔 수 없이 입산을 허락하는 것처럼 둘러댔다.

혜능이 절에 들어온 지 여덟 달이 지난 어느 날 홍인 대사는 제자들에게 깨달음의 게송을 지어 오라 한다. 그 깨친 바를 보아 부처의 가사와 발우를 전하여 육조六祖*를 정한다고 선포하였다. 대중 스님들은 게송 짓는 것을 포기하고 신수 스님을 다음 스승으로 밀어 주는 것으로 결의했다. 대중들은 신수가 육조가 되는 것을 당연시하였다. 신수는 조사당 남쪽 복도 벽에 게송을 적었다. 글을 몰랐던 혜능은 동자승에게 신수가 쓴 게송을 읽게 하고 자신도 게송을 지었다. 물론 동자승에게 대신 써 달라고 했다. 신수가 쓴 게송은 "몸은 보리의 나무요, 마음은 맑은 거울과 같으니 때때로 부지런히 털고 닦아서 티끌 먼지가 묻지 않게 하리라"『법륜 스님의 금강경 강의』, 196쪽이었다. 마음을 잘 닦아서 청정하게 하자는 말이다. 그런데 혜능은 "마음은 보리의 나무요, 몸은 맑은 거울의 받침대라. 밝은 거울은 본래 깨끗하거니 어느 곳에 티끌 먼지가 물들리오"법륜, 앞의 책, 197쪽라고 게송을 쓴다. 혜능은 마음이 본래 무일물無一物이라 닦아야 할 필요가 없다고 말해 버린 것이다. 마음이 곧 부처라는

---

*    조사(祖師)는 중국 선종(禪宗)의 큰 스승을 말하는데 혜능이 여섯번째다. 첫 조사는
      양무제 때 인도에서 중국으로 건너 온 달마(?~536)이다.

말처럼 마음은 금강 그 자체인 보물이라 닦아야 할 바가 없다는 뜻이다.

대중들은 스님도 아니고 일자무식에다가 방앗간에서 일하는 혜능이 게송을 썼다는 사실만으로도 놀라 웅성거렸다. 이때 홍인 대사가 뛰쳐나와 게송을 보고 한눈에 혜능이 깨친 사실을 파악했다. 그러나 홍인 대사는 두 사람 모두 깨친 것이 아니라고 하며 글을 지워 버렸다. 혜능이 신수 제자들에게 해를 입을까 염려되었기 때문이다. 홍인 대사는 이날 밤 몰래 혜능을 자신의 방으로 불러 『금강경』을 설하고 가사와 발우를 전했다. 혜능이 선종의 법法을 이어받을 육조 대사로 인정받은 것이다.

이렇게 육조가 된 혜능이 선불교를 중국에 널리 퍼뜨리고 융성시키기까지 15년이라는 은둔의 시간을 보낸다. 혜능은 신분을 숨기고 사냥꾼 무리의 시중을 들면서 법이 익기를 기다린 것이다. 어느 날 혜능은 이제 중생들을 위해 법을 펼 때가 되었음을 알고 산에서 내려온다. 그후 혜능은 『금강경』 읽기를 강조하여 세상에 『금강경』을 널리 알린다. 또 혜능은 누구나 깨달음의 길을 가게 하는 안내서 『육조단경』六祖壇經을 남긴다. 혜능은 '자기 마음만 밝히면 모든 사람이 부처가 될 수 있다'는 혁명적인 가르침을 편다. "불교의 변화는 언제나 '쉬움'과 '보편성'에 기초하여, 붓다의 근본정신으로 돌아가는 것이었다." <sup></sup>자현, 『자현 스님이 들려주는 불교사 100장면』, 불광출판사, 2018, 285쪽

혜능 밑에는 남악회향, 청원행사, 하택신회 같은 걸출한 제자들이 모여든다. 그중 남악회향은 '평상심시도'平常心是道로 유명한 마조도일馬祖道一을 배출한다. 이렇게 혜능은 부처님 말씀을 이해하고 실천하는 선禪의 황금시대를 열게 된다. 그 첫 실마리가 『금강경』의 한 구절, '머무는 바 없이 마음을 내라'는 '응무소주 이생기심'이다.

# 4. 지금도『금강경』!

1,300년 전 육조 혜능이『금강경』을 만났던 것처럼 2022년 지금 나도『금강경』을 읽으면서 글을 쓰고 있다. 그러면 2000년 전 인도에서 만들어진『금강경』이 우리나라에 전해진 것은 언제일까? 삼국시대 불교가 유입되던 초기로 알려져 있다. 불교는 고구려, 백제, 신라 순서로 중국에서 우리나라로 전파된다. 중국 전진前秦의 왕 부견符堅이 고구려로 승려 순도順道를 보내어(372년 6월)자현,『자현 스님이 들려주는 불교사 100장면』, 367쪽 참고 불교를 전파했다. 이때『금강경』이 한반도로 전해지지 않았을까 추측한다. 고려 중기 보조국사 지눌 스님은 불법을 배우고자 하는 이들에게 반드시『금강경』을 읽게 했다고 한다. 그런 연유로『금강경』은 고려 시대에 일반 대중에게 널리 유통『법륜 스님의 금강경 강의』 14쪽 참고되었다고 한다. 지금 한국 불교의 가장 큰 종단인 선종을 표방하는 조계종의 소의所依경전도『금강경』이다.『금강경』에는 모든 선禪의 도리가 다 들어 있기 때문에 선택했다고

한다. 따라서 『금강경』을 잘 배우면 "선의 이치는 물론 조사어록의 도리까지" 알 수 있다.<sub></sub>설우, 『설우 스님이 들려주는 행복한 금강경 이야기』

사유수, 2016, 17쪽

『금강경』은 간결한 문체로 분량도 짧아 일반인들도 쉽게 접할 수 있다. 600부 3,221쪽이 되는 방대한 분량인 『대반야경』大般若經 중 아주 짧은 6쪽에 해당하는 것이 『금강경』이다. 그리고 고려시대에는 이 경을 전부 독송하거나, 더 압축하여 이 경의 네 가지 문장[四句偈]*만 외워도 복이 온다는 믿음이 널리 퍼져 있었다. 이런 연유로 많은 사람이 지금도 『금강경』을 독송하고 있다.

현재 우리나라에서는 2000년부터 매년 『금강경』 경전 내

---

\* 『금강경』 사구게: 『금강경』의 핵심사상을 간략한 4구의 형식으로 요약한 게송. 『금강경』 5장, 10장, 26장, 32장에 나오는 내용으로 그 내용은 다음과 같다.
①제1구게: 범소유상 개시허망 약견제상비상 즉견여래(凡所有相 皆是虛妄 若見諸相非相 卽見如來)—무릇 형상이 있는 것은 모두가 다 허망하다, 만약 모든 형상을 형상이 아닌 것으로 보면, 곧 여래를 보리라(제5 여리실견분如理實見分).
②제2구게: 불응주색생심 불응주성향미촉법생심 응무소주 이생기심(不應住色生心 不應住聲香味觸法生心 應無所住 而生其心)—응당 색에 머물러서 마음을 내지 말며, 응당 성·향·미·촉·법에 머물러서 마음을 내지 말 것이요, 응당 머문 바 없이 그 마음을 낼지니라(제10 장엄정토분莊嚴淨土分).
③제3구게: 약이색견아 이음성구아 시인행사도 불능견여래(若以色見我 以音聲求我 是人行邪道 不能見如來)—만약 색신으로써 나를 보거나 음성으로써 나를 구하면, 이 사람은 사도를 행함이라. 능히 여래를 보지 못하리라(제26 법신비상분法身非相分).
④제4구게: 일체유위법 여몽환포영 여로역여전 응작여시관(一切有爲法 如夢幻泡影 如露亦如電 應作如是觀)—일체의 함이 있는 법(현상계의 모든 생멸법)은 꿈과 같고, 환상과 같고 물거품과 같으며 그림자 같으며, 이슬과 같고 또한 번개와도 같으니, 응당 이와 같이 관할지니라(제32 응화비진분 應化非眞分).

용을 가지고 암송과 강독을 하는 『금강경』 강송 대회'가 열리고 있다. 이렇게 『금강경』 독송을 일상에서 실천할 수 있도록 대회의 장을 만든 사람은 '금강선원'의 혜거慧炬 스님탄허 스님의 제자로 금강선원장, 한국 불교의 대표 학승이다. 혜거 스님은 1998년 서울 강남 한복판 상가 건물에 '금강선원'이라는 절을 세웠다. 산속에 있는 절과 달리 가장 사람이 많이 모이는 서울 도심 가운데 『금강경』을 공부하는 곳을 만든 것이다. 혜거 스님은 선불교의 참선과 『금강경』을 청소년을 포함한 많은 사람에게 가르치고 있다.

그리고 『금강경』 독송으로 인생의 어려움을 헤쳐 간 사람 중에 '진진묘' 보살이 있다. 그녀는 근대 서양화가의 대표주자인 장욱진張旭鎭(1917~1990) 화백의 부인이다. 장욱진은 보기만 해도 마음이 편해지는 시골에서 보는 까치, 집, 가족, 나무, 해, 달, 산 등을 소재로 그림을 그렸다. 장욱진은 17세 때 열병을 앓아 수덕사에서 6개월간 지냈으며 당시 만공滿空 스님일제 침략기에 선불교의 진흥에 힘쓴 스님은 그를 출가시키려 했다고 한다. 그러나 만공 스님은 장욱진의 그림을 보고 "그림 그리는 것도 스님들 공부와 똑같다"라고 했다. 이후 장욱진 화가와 결혼한 여자가 이순경 여사로 보살로서의 이름이 '진진묘'이다. 그녀는 작품 활동을 위해 서울대 교수를 그만둔 장욱진이 죽을 때까지 그림을 자유롭게 그리도록 내조했다. 그녀는 『금강경』을 매일 7번 독송했다고 한다. 그러면서 다른 사람들이 남편에 대해 걱정하면 그녀는 "부처님을 모시는 사람이 한낱 사람을 모시지도 못하면서 어찌 큰 부처님을 모실 수 있겠냐?"고 했다. 또 장욱진도 기도하는 부인을 보고 영감을 얻었다고 한다. 『금강경』을 읽으며 기도하는 부인을 7일 만에 그린 초상화가 그의 대표작인 「진진묘」眞眞妙이다. 이 그림에 모든 정열을 쏟은 뒤 3개월간 병이 나서 몸져누운 것은 유명한 일화이다. 장욱진의 그림 뒤에는 『금강경』을 읽으며 기도하는 부인의 사랑이 넘쳐흐른 것이다.

이토록 오랫동안 많은 사람이 짧고 간결한 『금강경』을 애독해 왔다. 또 『금강경』은 2,000년 동안 대승불교와 선불교의 경전이다. 그래서인지 현대에도 『금강경』은 불교 서적 중에서 베스트셀러에 속한다. 그러나 『금강경』은 그 뜻이 심오하여 쉽게 이해하기 어려워서 주석을 단 사람이 많다. "육조 스님에 의하면 당나라 때인 서기 600년경에 이미 800여 명이 『금강경』에 주석을 달았다"고 한다. 그 많은 주석서 중에 가장 백미는 『금강경오가해』金剛經五家解라고 한다. 이 책은 고려 말에서 조선 초에 살았던 함허득통涵虛得通 스님이 유명한 다섯 분의 주석을 뽑아 묶어서 다시 해설을 달아 놓은 것이다.설우, 『설우 스님이 들려주는 행복한 금강경 이야기』, 17쪽 그 다섯 분이 양나라 무제 때 수행하던 쌍림雙林 부대사傅大士, 육조 혜능 스님, 송나라 야부 스님,

종경 스님, 규봉 종밀 스님이다. 현대에는 동양은 물론 세계 각국에서 주석서와 번역서가 출판되고 있다. 그 많은 불교 경전 중에 유독 『금강경』이 많이 연구되고 지금도 읽히는 이유는 무엇일까? 불교 가르침의 핵심인 '공'空 사상인 '일체법무아'一切法無我*를 잘 표현하고 있기 때문일 것이다. 또한 어쩌면, 『금강경』을 읽고 많은 사람이 번뇌를 깨트려 스스로 괴로움에서 벗어나고 본래 가진 청정한 성품인 금강 같은 보물을 발견했기 때문이 아닐까?

그런데 불교 가르침에 관심이 없는 사람도 『금강경』을 읽어야 할까? 나는 감히 그렇다고 말하고 싶다. 살아가면서 누구나 괴롭고 불안한 순간들이 있다. 물론 나는 지금 그렇지 않다고 말할 수도 있다. 지금 내가 가진 모든 것이 완벽하여 스스로 괴롭지 않다고 여겨서 말이다. 그러나 이런 경우도 늙고 병들고 죽는 것에 대한 두려움은 있다. 『금강경』을 읽고 공부한다면 이 모든 삶의 과정을 편안하게 통과할 수 있다. 그 까닭은 『금강경』 공부가 내 앞에 온 문제에 대한 관점을 바꾸어 번뇌에서 풀려나게 하기 때문이다.

우리는 흔히 내가 원하는 바가 이루어져야 행복하다고

---

* 일체법무아는 나와 세상이 모두 스스로 존재하지 않는다(無自性)는 의미이다. 즉 인무아(人無我)뿐 아니라 법무아(法無我)를 포함하는 것이다.

생각한다. 또한 우리는 끊임없이 밖에서 무엇인가를 구한다. 이 마음은 자기를 부족하다고 느끼는 어리석음에서 비롯된다. 『금강경』을 공부하다 보면 이 생각들이 바로 괴로움을 불러일으킨다는 것을 알게 된다. 끊임없이 무엇인가를 갈구하고 그것이 뜻대로 되지 않으면 화냈던 마음들이 『금강경』을 읽으면서 줄어들기 시작한다. 『금강경』 이름 풀이에서 이야기했듯이 『금강경』은 번뇌를 깨트리는 번개 같은 지혜를 가르쳐주기 때문이다. 또한 우리가 본래 부처라 밖에서 구할 바가 없음을 『금강경』을 통해 항상 기억할 수 있다. 그러면 밖에서 구하는 바가 줄어들어 우리는 본래의 나로 돌아오고 점차 마음이 자유로워진다. 이 모두가 『금강경』을 읽고 공부함으로써 일어난다. 그러니 지금도 『금강경』이다!

# 2장

# 모든 상(相)은 망상!

범소유상 개시허망

凡所有相 皆是虛妄

"형상이 있는 모든 것은 허망하다.
만약 모든 형상이 원래 형상 아님[非相]을 본다면
이는 곧 여래를 보는 것이다."

『낭송 금강경』 187쪽

# 1. 마음 방향 돌리기, 나에게서 우주 만물로

『금강경』은 그 탄생부터 혁명적이었다. 나만 아라한이 되겠다는 부파불교 시대의 수행자들에게 일갈한다. 깨닫고자 마음을 낸 사람들은 모든 중생을 열반에 들도록 제도하겠다는 마음을 내야 한다고! 참고로 열반은 '모든 집착에서 벗어나 번뇌가 사라져 모든 속박에서 자유로운 상태'가 되는 것을 말하며 '열반에 든다'라고 표현한다. 즉 부파불교 시대의 수행자들이 자신만 아라한이 되려는 마음의 방향을 돌려 모든 중생에게 마음을 내고, 모두가 열반에 들어 자유로운 상태가 되도록 마음을 내야 한다는 것이다. 이처럼 『금강경』은 '대승불교'가 지향하는 바와 일치했다. 모든 중생을 괴로움에서 구제하는 부처가 됨이 대승의 바른 뜻이었다. 그러면서 부처님은 모든 중생이라 하면 범위가 너무 넓어서 보살들이 중생 제도를 포기할까 봐 중생을 아홉 가지로 요약해 주면서 모든 중생을 열반에 들도록 제도하는 마음을 내라고 한다.

모든 보살마하살은 반드시 살아 있는 모든 중생들, 곧 알에서 태어난 중생, 모태에서 태어난 중생, 습기에서 태어난 중생, 스스로 변화해서 태어난 중생, 형체가 있는 중생, 형체가 없는 중생, 분별이 있는 중생, 분별이 없는 중생, 분별이 있는 것도 아니고 없는 것도 아닌 중생 모두를 번뇌가 다 없어진 열반에 들게 하여 제도해야겠다는 마음을 내야 한다.「3. 대승의 바른 가르침은(大乘正宗分)」, 『금강경』(정화 스님), 73쪽

돌이켜 보면 나 또한 부파불교 수행자들처럼 '수행자로서 자신이 얻는 깨달음'에만 관심이 있었다. 그래서 독송만 하다가 『금강경』의 뜻을 음미하기 시작했을 때 이 부분에서 마음이 꽉 막히고 답답해졌다. 수보리가 선남자·선여인이 깨달으려면 어떻게 살아야 하는지 물었는데 부처님은 덜컥 모든 중생을 열반에 들도록 제도하겠다는 마음을 내라 하신다. 이 문장을 만나자 '나도 깨닫지 못했는데 모든 중생을 도우라니. 이미 공부를 마친 선생님들이 학생을 가르치듯 모든 중생을 보고 돕는 것은 내가 깨우친 다음이 아닐까? 왜 이렇게 말씀하시지?'라는 의문뿐이었다. 게다가 열반에 들게 할 중생을 줄여서 아홉 가지로 제시했다고 하지만 그마저도 범위가 아주 넓다. 인간뿐 아니라 알에서 태어난 새, 모태에서 태어난 포유류, 습기에서 태어난 곤충, 나아가 산과 돌 같은 자연물,

그리고 영혼처럼 보이지 않는 존재들까지를 아우른다. 말 그대로 우주의 모든 존재를 다 포함한 중생을 제도하라고 말하는 것이다. 이처럼 부처님이 중생을 아홉 가지 종류로 설명한 덕분에 인간만이 중생에 속한다고 당연시해 왔던 점을 반성하고 인식을 확장할 수 있었다.

지금에서야 고백하지만, 『금강경』을 처음 만났을 때 이 부분을 이해하지 못해 건너뛰었다. '부처님은 다 아시니까 중생을 모두 보실 수 있나 보다. 나는 저렇게 못 보는데, 나도 깨달으면 부처님처럼 모든 우주 만물이 보일까?' 하고 부처님은 역시 대단하다는 마음만 품었다. 나는 아직 그럴 그릇은 아니니까 하고 슬쩍 무시한 뒤 『금강경』 독송만 했다. 부처님 말씀처럼 할 수 있다고 생각하지 못했다. 깨닫지 못한 나와 같은 아직 공부 초입에 선 사람들에게는 상관없는 구절이라 생각했던 것이다.

그러나 공부를 통해 『금강경』을 한 글자씩 제대로 보니, 부처님은 깨달음에 마음을 냈다면 모든 중생을 열반에 들도록 구제하겠다는 마음을 먼저 내야 한다고 여러 번 명명백백하게 말씀하고 계셨다. 『금강경』을 처음 접하고 20년 만에 『금강경』 구절을 곱씹으며 다시 읽어 보고서야 내가 먼저 깨달은 후에 중생을 구제하겠다고 유보할 문제가 아니란 것을 알게 되었다. 이 문장을 꼼꼼히 다시 살펴보았다. 이제야 처음부터 '모든 중생을 제도하라'가 아니라 '제도하겠다는 마음을 내야 한다'라고 말씀하신 것이 눈에 들어왔다. 내 생각에만 사로잡혀 마음도, 시선도 나를 향해 고정된 우리에게, 주변에 존재하는 모든 중생을 보는 쪽으로 마음을 돌리라고 말하는 것이었다. 심지어 이 구절을 20년간 읽어 오면서도 내 생각에 사로잡혀 잘못 해석해 오고 있었다니! 이렇게 보니 부처님은 우리에게 무리한 요구를 하지 않았다. 나에게 집중된 좁은 시야의 경계를 무너뜨리고 더 많은 중생 쪽으로 시야를 열라는 말씀이었다. 깨달음에 마음을 낸 사람이니 깨닫고자 하는 노력은 당연히 하고[上求菩提], 더불어 중생을 구제[下化衆生]하는 대승의 비전을 마음에 품으라고 서두에 강조한 것이다.

이 구절은 뜻 자체로서도, 나 자신을 돌아보는 기제로 중요하게 작동했다. 후자의 중요성은 앞서 잠깐 언급하였지만, 내가 이전에 『금강경』을 대하는 태도는 나 하나에만 국한되어 아주 좁았음을 드러낸다. 눈앞에 벌어진 어려움, 마음을 어지럽히는 번뇌를 해결하는 것에만 집중했다. 내 공부를 다른 사람에게 전한다는 전제 자체가 없었다. 그래서 항상 많이 배워야 하는 학생의 입장으로 『금강경』을 읽었다. 문제가 하나 풀리면 기뻐하는 학생처럼 나의 번뇌가 해결되면 즐거워하기만 했다. 이런 마음으로는 『금강경』의 광대무변한 지혜를 포착할수 없었다. 확실한 건 나를 고집한다면 나를 둘러싼 세계가 보이지 않고, 중생들 역시 결코 감지할 수 없다는 사실이다. 『금강경』에서 부처님이 말하는 수행의 첫걸음은 나에게만 향해 있던 마음을 세상으로 열라는 것이었다.

이렇게 시선을 돌리면 어떤 마음을 가지게 될까? 부처님처럼 세상에 존재하는 수많은 중생을 느끼고 그들을 위해 광대무변한 마음을 내게 된다.

먼저 광대한 마음으로 세상을 보기 위해 내가 일상에 마주치는 사람과 자연에 관심을 기울이자 내가 괴로움을 느끼듯 타인과 자연도 똑같은 괴로움이 있다는 것을 조금씩 알아차리기 시작했다. '부처님 말씀대로 다른 사람을 제도하려면 어떻게 해야 하지?' 하는 새로운 질문을 마음에 품었다. 깨달은 다음에 무언가를 할 수 있을 거라는 생각을 버리자 지금 당장 할 수 있는 일에 관심이 생겼다. 그러자 태도가 바뀌었다. 사람들과 만났을 때 비슷한 상황과 고민에 처한 이들을 위해 마음을 내고 오지랖이라 말을 들을지라도 도와줄 일이 있으면 스스럼없이 실행에 옮기게 되었다. 광대무변한 마음은 사람뿐만이 아니라 동물, 자연, 환경까지 세밀하게 관찰하게 했다. 출퇴근 시간에 맞추어 주차장에 나타난 길고양이를 알게 되어 밥을 챙겨 주는 관계가 되었다. 환자들의 이야기도 더 듣게 되면서 의학 처방만 내리는 것이 아니라 환자분들이 가진 괴로움의 원인도 보이기 시작했다. 신기한 경험이었다. 작은 행동으로 주위를 보는 노력을 시작하자 일상생활을 세심하게 관찰하면서 현재에 충실해진 것이다. 그리고 내 주변에 있는 것들에게 관심이 생기니 '내가 공부한 지성을 최대한 발휘하여 이 기쁨이 아주 가까운 것부터 저 멀리까지 닿으려면 어떻게 해야 할까?' 하고 생각이 확장되었다. 이런 생각들이 '중생들을 괴로움에서 벗어나게 해주고 싶은 마음'인 부처님의 자비심의 시작이 아닐까? 진정한 자비란 세상을 향해 마음을 여는 것! 그것이 사람뿐 아니라 동물, 식물, 미생물까지이다. 이것이야말로 지성이 발휘된 자비임과 동시에 『금강경』에서 부처님이 말한 가장 먼저 수행하는 올바른 방향이다. 절에서 불공을 드리고 원하는 바를 위해 기도하며 '나와 내 가족'으로만 쏠렸던 시선을, '나에게 주어진 조건 속에서 자신을 연마하여 삶의 현장 속에서 세상과 연결하는 지혜와 자비를 구현하는 쪽'으로 돌려야 한다.

## 2. 번뇌를 일으키는 네 가지 상相

이제 본격적으로 『금강경』의 지혜 부분에 해당하는 '공'空에 대해 배워 보자. 그런데 『금강경』에는 공이란 말이 직접적으로 쓰이지 않는다. 대신 『금강경』은 '상'相으로 공을 설명한다. 상은 프레임, 이미지, 고정된 생각, 형상을 모두 아우르는 말이다. 예를 들면 "여자는 이래야 해, 남자는 이래야 해" 또는 "엄마라면 응당 엄마의 행동을 해야 하고 아빠는 아빠다워야 해"와 같이 고정된 모든 관념이 상이다. 『금강경』은 공을 '모든 상이 망상임을 알면 즉시 여래를 보는 것'으로 설명한다. 이 구절이 『금강경』 사구게 중 하나인 '범소유상凡所有相 개시허망皆是虛妄 약견제상비상若見諸相非相 즉견여래卽見如來'이다. 상이 실재한다는 착각이 우리 마음에 번뇌를 불러일으키고 깨달음을 얻고 열반에 가는 길을 혼탁하게 가린다는 뜻이다. 좁은 의미로서의 상은 사회적 직책이나 역할과 자신을 동일시하는 것을 말한다. 더 넓은 의미로 '다른 것과 구별되고 변하지 않는 어떤 존재를 상정하는 것은 모두 상'『법륜 스님의 금강경 강의』 65쪽이다. 금강경에서는 이 모든 상을 네 가지 상인 아상, 인상, 중생상, 수자상으로 나누어 우리의 이해를 돕는다.

네 가지 상은 『금강경』이 만들어진 시대의 '자아개념'에 대한 고정관념과 관계가 있다. 당시 브라만교에서는 고정 불변하여 윤회하는 특별한 주체를 아트만이라고 했다.

> 아트만은 인도 사상에서 자아를 의미하는데, 이 자아는 일상에서 우리가 가진 자아관념과는 다른 개념입니다. 일상의 자아를 허구적인 자아라고 보면서 소아小我라고 부르고, 아트만의 자아는 일종의 참나로 보면서 대아大我라고 부르며 구별합니다.원빈, 『원빈 스님의 금강경에 물들다』, 89~90쪽

인도의 영적 수행은 일상의 잘못된 소아에서 벗어나 대아를 찾기 위한 노력이었다. 이 아트만이 아我이다. 즉 아상은 절대 변치 않는 초월적 자아이다.

그리고 인상人相은 부파불교에서 아我는 없지만 윤회하는 주체로, 푸드갈라補特加羅를 번역한 것이다. 인간의 내면적 주체로서의 실체를 인상이라 생각했다.『금강경』(정화 스님), 75쪽

다음으로 중생상衆生相은 인도 사상계 전반에 활용되는 사트바(sattva), 즉 '모든 생명에는 저마다 다르게 결정된 성품이

있다'「금강경」(정화 스님), 77쪽는 것이다. 이는 인도 카스트 제도처럼 태어나면서부터 타고난 지위를 나누는 문화적 배경에 영향받지 않았나 추측해 본다. 대표적인 중생상은 '나는 중생이라 부처가 될 수 없다'는 분별이다.

끝으로, 수자상壽者相은 자이나교의 관념에서 비롯되었다. 자이나교는 "사람을 오염된 몸과 순수한 마음으로 나누고 오염되지 않은 순수한 청정심"인 지바(jiva)를 수자상같은 쪽이라고 했다.

이 네 가지 상에 대해서는 후대에 다양한 해석이 붙는다. 그러나 그 모두가 가리키는 곳은 '실존적 자아 관념으로 영원불멸의 근본적인 존재'와 그로 인해 생긴 '사회적 고정관념'을 향한다. 여기서 우리가 사는 현대에는 이 네 가지 상이 어떻게 작동하는지 보려고 한다. 그래야 우리가 망상인데 실재한다고 생각하는 상相을 깰 수 있다. 이 상이 바로 번뇌의 시작이기 때문이다.

## 1) 아상(我相)—절대적인 나, 변하지 않는 너

아상은 몸과 마음에 변치 않는 순수한 나, 혹은 자아가 있다는 생각이다. 아我는 '나', 상相은 '나다·너다·깨끗하다·더럽다·좋다·나쁘다 등 마음에서 일으켜 모양 지은 관념'「법륜 스님의 금강경 강의』 63쪽을 뜻한다. 즉 '나'에 대한 프레임, 고정된 관념이 바로 아상이라고 할 수 있다. '절대적인 나' '변하지 않는 너'『금강경』(정화 스님), 74쪽, 즉 변하지 않는 절대적인 실체로 존재를 생각하는 것이 '아상'이다.

하지만 외부 변수에 전혀 영향을 받지 않은 항상적인 주체가 정말 존재할까? 대개 우리는 '그렇다'라고 대답할 것이다. 우선 내 몸이 '나'이지 않은가? 그리고 내가 외부를 받아들이고 생각하고 느끼는 감각들, 즉 정신이 '나'이지 않은가? 그러나 불교에서는 이렇게 대답한다. 몸과 마음, 즉 오온五蘊이 합쳐진 것을 '나라고 간주하고 있을 뿐'이라고. 오온이란 다섯 가지 무더기, 즉 색수상행식色受想行識이다.

색色은 몸이고 수受는 느낌, 상想은 생각 또는 관념, 행行은 하고자 하는 의도, 식識은 의식을 말한다. 그러면 일단 색에 해당하는 몸부터 따져 보자. 내 몸의 60조 개 세포는 끊임없이 죽고 교체되고 있다. 혈액은 3개월이 지나면 새로운 피로 모두 바뀌고 위 점막은 2주가 지나면 새로운 세포로 덮이며, 뼈는 10년이면 모두 대체되고 매 순간 새로운 칼슘과 인으로 교체되고 있다. 아기였을 때부터 특정한 이름을 지어 불러서 같은 사람으로 인식할 뿐, 뇌를 제외한 세포는 모두 바뀌어서 같은 것이라고 부를 만한 것이 없다. 이렇게 과학적으로 따져 봐도 몸은 계속 변화하고 있는 만큼 임시로 이루어진 이합집산이지 고정된 나라고 칭할 만한 신체가 없다.

그러면 마음에 해당하는 수상행식受想行識은 어떤가? 수는 느낌인데 우리는 감각기관인 눈, 코, 입, 귀, 혀를 통해 바깥과 접촉하고 느낌을 일으킨다. 보통 유쾌하거나 불쾌한 마음으로 나타난다. 섭씨 4도 정도의 물은 여름에는 시원해서 좋지만, 겨울에는 차갑게 느껴져 싫다. 물은 그대로인데 우리가 접촉하는 바깥 온도가 바뀌는 조건에 따라 다른 느낌을 느낀다. 이렇게 좋고 싫은 감정은 수시로 바뀐다. 생각想도 마찬가지다. 옛날에 좋았지만 지금은 싫거나, 그 반대인 경우를 따져 보면 수도 없이 많을 것이다. 행行은 하고자 하는 의도이다. 먹고 싶다는 의도를 생각해 보자. 배고프면 더 먹고 싶고 배부르면 먹기 싫다. 행 역시 조건에 따라 변한다. 식識은 이 모두를 아우르는 마음인데 계속 변하고 있는 느낌, 생각, 의도를 바탕으로 인식하며 판단하는 작용이다. 그래서 식을 가장 강력한 마음 작용이라 부를 수 있지만, 이 식조차도 변하고 있어서 고정된 자아라고 근거할 것이 없다. 이렇게 샅샅이 뒤져 봐도 나라고 부를 만한 고정된 어떤 것도 찾을 수가 없다. 몸과 마음, 어디에서도!

그렇다면 아상이 확고한 사람은 외부와 분리되어 순수하게 존재하는 '나'에 대한 철석같은 믿음을 가지고 있는 사람이라고 보아도 좋을 것이다. 백 번 양보해서 피부를 경계로 바깥과 구분되어 안쪽에 있는 몸이 바로 고정된 '나'라고 치자. 그런데 그 '나'는 콧구멍을 통해 바깥공기를 호흡하면서 살고 있다. 그렇다면 내 코를 통해 내 폐로 들어온 공기는 나인가, 바깥인가? 더 나아가 우리는 음식을 섭취해 목숨을 유지할 수 있다. 눈앞에 있는 사과는 바깥에 있는 개별적인 개체였는데 그 사과가 내 입을 통해 배 속에 들어오면 그 사과는 나인가 아닌가? 그리고 음식을 먹어서 만들어진 똥을 내 것이라고 간주해서 바깥으로 내보내지 않는다면 어떻게 될까? 우리는 죽을 수밖에 없다. 이렇듯 피부를 경계로 안과 밖을 나누어서 생리적인 차원을 따져 봐도 순수한 '나'라는 실체는 성립되지 않는다.

그러나 우리는 흔히 태어나서 죽을 때까지 '고정된 순수한 나'로 존재한다고 여긴다. 계속해서 변하고 있는 나에 대해 고려해 본 적이 없을 것이다. 그래서 내가 무엇이 되어야 한다고 생각하면서 노력한다. 삶의 동력으로 나쁘지는 않다. 그러나 현실의 조건은 다양하고 관계도 변화한다. 삶 속에서 변화를 읽지 못하고 목표에 집착하는 '내'가 되면 스스로 괴로워진다. 시선이 나에게만 향하게 되고 '목표를 향해 가는 나' 이외에는 무관심해지거나 목표에 도달하기 위해 맞닥뜨린 경쟁자에게 질투를 느낀다. 또는 이상을 과도하게 높게 잡아, 도리어 자신의 건강을 해치기도 한다.

또한 주위 사람이 '내가 원하는 이미지'로 나를 알아주기를 바라는 인정 욕망 또한 자의식이고 아상이다. '상대가 나를 인정하는 일'이 일어나지 않으면 타인을 원망하는 생각에 사로잡혀 결국 자신을 관계로부터 고립시킨다. 이런 태도는 번뇌의 원천이 된다.

연애하는 상황을 상상해 보자. '절대적인 나'를 가지는 순간 '변하지 않는 너'가 설정된다. 아상이 확고하다면 연애 상대가 변할 수도 있다는 인식의 작용이 어려울 수 있다. 내가 변하는 것이 보이지 않으니 상대가 변하고 있는 것 또한 감지하지 못한다. 연애 초반에 느끼는 짜릿하고 설레었던 순간을 기억하면서, 좋았던 순간이 영원히 지속하기만을 바란다. 그러나 시간은 흐르고 너와 나의 상태도 변한다. 이후 헤어지게 되었을 때, 아상이 강한 누군가는 '변하지 않아야 하는 너'가 변한 것을 이해하지 못하고 '절대적인 나'에 사로잡혀 극단적으로 불만을 표출하여 데이트 폭력을 일으키기도 한다. '설렘'을 느꼈던 사랑의 시작은 흘러갔고 나와 너 모두가 변했지만 이를 알아차리지 못하고 좋은 기억 속에 남겨진 서로에 대한 느낌만을 고집하는 것이다. 이처럼 나를 고정하면서 상대를 고정하는 것이 망상이자 번뇌를 일으키는 마음이다. "사랑이 어떻게 변하니?"라는 유명한 대사에 "사랑하는 서로는 매 순간 변하고 있어"라고 말하고 싶다.

이를 호르몬의 반응으로도 살펴볼 수 있다. 좋거나 싫은 감정은 힘이 아주 세서, 슬픔 때문에 눈물을 흘리는 상태를 당연하게도 자아의 작용으로 생각하기 쉽다. 사실 감정은 어떤 환경에서 신경이 자극되면 호르몬이 분출되어 느낌으로 작용한다. 우리가 가장 잘 알 수 있는 화가 난 상태를 살펴보자. 불합리한 상황에서 눈이 상황을 인지하여 뇌로 전달하면 장기로 전기 자극이 전달되어 흥분 호르몬이 분출된다. 0.1초 만에 이루어지는 과정이다. 그런데 화가 날 때 작동하는 호르몬의 지속 시간은 보통 90초라고 한다. 호르몬은 몸에서 90초 동안 화를 부추기다가 소멸한다. 그래서 생리적으로 90초가 지나면 화의 성질은 사라진다. 그러나 이때 대부분은 '내가 너 때문에 화가 났다' 하고 상대의 잘못을 되새기며 끝없이 원망하게 된다. 90초가 지나면 서서히 가라앉으려고 하는 감정에 원망이 다시 불을 붙인다. 화라는 감정에 실체를 부여하여 이미 꺼지고 있는 모닥불에 기름을 퍼붓는 격이다. 이 회로가 뇌의 기억 장치에 저장되면 그 사람을 보는 순간 자연스럽게 화가 나는 반응이 나타난다. 정작 시간이 흘러 화가 났던 상황과 호르몬의 작용은 모두 사라졌는데 '화가 났던 나'에 대한 집착이 생기면서 번뇌를 끊임없이 만들고 괴로워한다.

아상이란 사실 간단하다. 세계와 연결점이 없는 유일무이한 존재성, 변치 않는 단일한 실체와 외부와의 '분리'가 바로 아상의 핵심이다. 여기서 비롯된 자의식은 삶의 모든 번뇌의 근원이 된다. 내가 옳다는 생각을 벗어나지 못하는 이기심과 더 멋진 나, 또는 모자란 나라는 헛된 망상에 빠져 허우적거리는 것이다. 지금, 이 순간에 자연이 제공하는 공기로 숨 쉬고, 인체의 모든 기관을 동원해 말하면서 느끼는 외부를 모른 척하고 비대해진 자의식만 끌어안은 채로 끝없는 번뇌에 침잠해 들어갈 뿐이다. 당신이 가진 아상의 사이즈를 제대로 가늠해 보고 싶다면, 일상에서 화가 날 때를 들여다보라. 회사에서 나의 보고서를 재가하지 않는 상사 때문에 분노가 치민다면, 집을 장난감으로 어지르기만 하는 아이 때문에 짜증이 난다면, '세상이 내가 원하는 대로 이루어져야 한다' 하고 생각한다면 내가 만들어 낸 괴로움에 사로잡힌 것이다.『금강경』에서 우리를 대신해서 부처님께 질문을 던지는 수보리도 출가하기 전 세상이 내 마음대로 되지 않아 화를 내며 괴로워하지 않았던가.

인간의 마음이란 참으로 대단한 것이라서 이 세상을 덮고도 남을 만큼 아상을 무한대로 확대할 수 있다. 아상의 또 다른 확장 버전들이 바로 뒤이어 안내할 인상과 중생상, 수자상이다.

## 2) 인상(人相)—아상의 집단화

인상人相은* 아상我相의 집단화를 말한다. 쉽게 말하면 내가 속
한 무리를 내 편이라 여기는 것이다. 내 편을 나와 동일시[人相]
하고 그 나머지 모두를 배척하는 상태를 인상이라고 한다. 인
상은 가장 작은 단위인 가족으로부터 출발해 성별, 종교적 종
파, 출신 학교, 출신 지역과 그에 따른 정치색, 국가, 나아가 인
종에까지 확장한다. 인상은 우리가 쉽게 쓰는 '내 나라를 사
랑하는 애국심'이나 '우리 가족을 소중히 여기는 가족애' 같은
구절 속에서도 찾아볼 수 있다. 이 말들은 '같은 나라', '같은
집단'과 같이 '같은 편'으로 세상을 나누어 금 긋기를 하는 것
이기 때문이다. 우리 집단과 너의 집단을 나누는 마음이 아상
의 확장판인 인상이라 할 수 있다. 인상으로 세상을 대하면 우
리 편만 소중하다고 생각하고, 같은 편 밖에 있는 것에 대해서
는 무관심하거나 적대적으로 반응한다.

---

* 인상(人相) 또한 그 뜻에서 아상과 크게 다를 것이 없습니다. 인상은 윤회의 주체를
뜻하는 푸드갈라(補特加羅)를 번역한 것으로 인간의 내면적 주체로서 실체라고 생각
하는 것이기 때문입니다. 한편, 불교의 독자부와 그곳에서 생겨난 정량부 등에서도
이 이론을 주장했습니다. 그러나 이것을 불교의 근본 가르침인 무아설과 상반되는 유
아론이라고 생각해서는 안 됩니다. 왜냐하면 윤회가 끝나는 날 인상은 없어지기 때문
입니다. 윤회하는 동안에 윤회의 주체인 인상은 업의 다른 이름입니다. 윤회란 '자아
가 있다는 생각이 연속되는 것'을 말합니다. 그러나 '자아'라는 특정한 주체가 실제로
있는 것이 아니라, 다만 우리의 업이 자아가 있다고 생각하는 것뿐입니다.(『금강경』[정
화 스님], 75쪽)

골목에서 두 사람이 큰소리를 지르며 싸우는 경우를 생각해 보자. 우리가 먼발치에서 이 광경을 보면 흔히 이성적으로 '왜 어른이 큰소리를 지르며 싸우지? 대화로 풀면 되지 않을까?' 하고 생각하기 쉽다. 그런데 싸움 현장에 점점 가까워지니 낯익은 여성의 실루엣이 보인다. 자세히 살펴보니 엄마다. 이 순간 우리는 아까와 같은 평정심은 사라지고 '누가 감히 내 엄마한테 소리를 질러!'라는 생각과 함께 '화'가 난다. 모르는 사람이라 생각하고 있을 때는 상황을 객관적으로 본다. 그러나 다투는 사람 중 한 명이 엄마라는 것을 알게 되면 내 편과 상대를 나누는 분별이 작동한다. 이것이 인상이다.

위와 같이 주변에서 가장 쉽게 볼 수 있는 인상의 사례는 바로 가족을 나와 동일시하는 것이다. 조부모와 함께 대가족으로 지내던 과거와 달리, 요즈음은 가족이 부모와 자녀로 단출하게 구성되는 경우가 많아 동일시하는 대상의 수가 줄었다. 그래서인지 가정을 이룬 성인의 경우에 배우자와 아이가 곧 나라고 생각하는 정도가 강해진 듯하다. 그러다 보니 가족을 향한 시선에 갇혀 우리가 수많은 관계 속에 존재하는 것임을 자각하지 못하게 된다. 앞서 말했듯이, 가족뿐 아니라 인종차별도 인상의 작용으로 비롯된다. 미국에서 백인 경찰이 흑인 시민의 목을 눌러 사망케 한 사건을 떠올려 볼 수 있다. 이처럼 우리 사회에서 일어나는 무수한 편견과 분쟁, 학연과 지

연으로 인한 잡음, 국가 간의 싸움은 모두 이 인상의 테두리에서 벗어나지 못했기 때문에 일어난 일이다.

『법구경』에도 로히니 강물을 서로 독차지하겠다고 싸우는 두 부족의 이야기가 나온다. 두 부족은 원래 로히니 강물을 사이에 두고 사이좋게 지냈다. 그러나 예기치 않은 가뭄이 찾아오자 자기 부족만 이 강물을 써야겠다고 욕심을 부려 다툼이 일어난다. 다툼은 분쟁으로 커져 유혈사태를 불러오기에 이른다. 우리 편을 위한 것이 옳다는 생각이 눈앞을 가려 자비와 관용의 마음을 못 보도록 한 것이다. 우리가 처한 상황을 해결하는 것이 정당하다고 믿기 때문에 상대의 상황은 보이지 않게 된다. 더 나아가 우리 것을 빼앗긴다고 여기기 시작하면 화는 더 커지고 심지어 상대를 해치는 것까지 용납하며 대의를 위한 일이라는 합리화로 이어진다.

상황이 심각해지자, 부처님은 직접 나서시어 피 흘리는 것을 막아야겠다고 생각하셨다. 부처님은 그들에게 "강물이 더 소중한가? 그대들의 몸에 흐르는 피가 더 소중한가?"『법구경 2』, 거해 편역, 샘이깊은물, 2007, 54쪽 하고 물어보셨다. 이 말에 두 부족은 잠시 정신을 차리고 화를 가라앉힌다. 그러자 부처님은 "그대들은 상대방을 적으로 여겨 증오하면서 사는구나. (……) 그대들이 지금 시작하려는 싸움은 탐욕과 성냄과 어리석음의 원인이며, 그대들은 이 같은 싸움으로써 서로 회복하기 어려운 불행을 부르게 되느니라"<sup>앞의 책, 54~55쪽</sup>라고 상황을 직시하도록 전했다.

    두 부족은 서로 이웃사촌이었을 뿐 본디 적이 아니었다. 그러나 가뭄으로 환경 조건이 바뀌자 서로 물을 축내는 적으로 간주하게 된다. 그래서 분노의 감정에 휩싸였고 물을 사이좋게 나눌 수 있는 지혜로운 판단을 할 수 없게 되었다. 결국 전쟁을 선포하겠다는 어리석음이 작동하면서 살기 위해 물이 필요했음에도 전쟁 끝에 쓰러져 갈 피 흘리는 수많은 죽음이 보이지 않았다. 『법구경』으로 본 부족 간의 분쟁은 지금 현대 사회에서도 유사한 방식으로 일어나고 있다. 우리 편을 위한 자신의 견해가 옳다고 여기면, 나머지는 옳지 않으니 우리의 이념을 위해서는 상대를 죽여도 된다는 방식이 자리잡고 점점 더 다양한 적을 만들고 증오를 키운다. 이 끝은 불행이라고 부처님이 말씀하시기도 하지만 현실 속에서도 그러하다. 이런 다툼 끝에 많은 난민이 발생하고 또 이 난민 문제로 다시 분쟁이 일어난다. 이 모두가 우리 편만 소중하고 그 이외의 사람을 적이라고 여기는 어리석은 마음, 인상 때문이다.

    혹 어떤 이가 한국의 많은 빈곤 아동들을 놔두고 왜 아프리카 아동을 도와주느냐고 비난한다면, 우리가 속한 국가의 아이만 소중하다는 인상이 작동해 버린 것이다. 생명의 무게를 저울질한 것과 다름없다. 2018년에 500명이 넘는 예멘인들이 제주도로 입국해 난민 신청을 하면서 우리 사회에 큰 화두를 던진 사건이 있었다. 이를 계기로 우리 사회에서는 난민 수용 여부에 대한 찬반 논란이 거세게 일었다. 특히 청와대 국민청원 게시판에는 '난민 신청 허가 폐지' 청원이 올라와 70만 명의 동의를 얻기도 했다. 왜 이런 일이 일어났을까? 다양한 사회문화적 이유가 있을 수 있겠지만 인상의 작동에서만 본다면, 한국은 순수한 단일민족이라는 무의식이 깊게 깔려 있음과 동시에 낯선 이슬람 문화권에 대한 거부감이 작동한 것으로의 해석이 가능하다. 대한민국에 살게 된 시간을 역사의 흐름 위에 두고 따져 보면 우리도 몽고, 중국, 어딘가에서 흘러 들어와 여러 민족이 섞여서 이 땅에 좀 더 오래 산 이주민일 뿐이다. 또한 과거에도 지금도 수많은 한인이 타국으로 이주하여 살고 있다. 현재, 이동 수단의 발달로 국가 간의 경계가 흐려지고 타국으로의 이민이 쉬워졌음에도 여전히 우리와 함께 살게 된 이웃을 배척하는 것은 '단일민족'이라는 고정관념, 즉 인상의 작동에 사로잡힌 것이다.

아상은 내 편을 만들며 무수히 확대할 수가 있다. 경계가 가족인지, 민족인지에 따라 작은 아상과 큰 아상의 차이일 뿐 모두 아상이다. 이렇게 아상이 집단화한 인상이 작동하여 일으키는 사회적 분쟁은 수없이 많다. 그러나 인상의 작동이 분쟁의 씨앗이라는 점을 간파한 사람들은 우리 편이라는 경계를 나누지 않고 보편적 인류를 위해 애쓰는 삶을 택하기도 한다. 베트남 전쟁을 겪고 나라에서 쫓겨 났지만 평화 운동을 평생 하신 틱낫한 스님과 중국의 탄압을 피해서 인도에 망명정부를 세우고 비폭력 저항운동을 지속하는 티베트의 달라이라마가 대표적이다.

### 3) 중생상(衆生相)─생명을 구분짓는 마음

중생상衆生相은 '나는 부처가 아니라 중생이야' 하는 관념과 '생명과 무생명을 구별하는'『법륜 스님의 금강경 강의』 65쪽 개념이다. 부처와 중생, 생명이 있는 것과 생명이 없는 것으로 경계를 나누는 생각이 중생상이다.

　2019년 겨울부터, 중생상으로 간과했던 자연의 순리를 다시금 돌아보도록 한 사건을 목격하고 있다. 바로 코로나19의 출현이다. 미국의 세계적인 경제학자이자 문명 비평가인 제러미 리프킨(Jeremy Rifkin, 1945~ )은 코로나가 발생한 주요 원인을 '기후변화'라고 설명한다.『경향신문』 인터뷰(2020년 5월 14일자) 온난화 같은 기후의 변화가 물 순환에 변화를 초래하고 살아 있는 생명에까지 영향을 미쳤다는 것이다. 지구 온난화로 인한 물 순환의 교란이 일으킨 안타까운 사건 중 하나는 2019년 9월부터 5개월간 지속한 호주 산불이다. 오랫동안 계속된 호주 산불과 같은 대형 자연재해가 일어나면 생태계가 교란된다. 동식물이 집을 잃고 개체가 손상을 입어 제 기능을 유지하기 힘들어지면서 먹이사슬이 붕괴되기 때문이다. 그리고 터전을 잃은 야생 동물들의 이주는 동물의 몸에 기생하는 벌레, 바이러스, 박테리아를 함께 옮긴다. 즉, 제러미 리프킨의 주장은 에볼라, 사스, 메르스, 지카, 코로나 같은 팬데믹이 발생한 최초 원인이 기후변화라는 것이다.

그리고 2022년은 전 세계가 폭염과 가뭄으로 심각한 피해를 보았다. 1월에는 호주에서 50도가 넘는 기록적인 폭염이 관측되었고 8월에는 온대성 기후였던 한국에 게릴라처럼 비가 내리는 열대성 폭우로 큰 피해가 발생했다. 유럽에서는 라인강이 마르고, 미국의 최대 인공 호수 미드호와 중국 양쯔강이 가뭄으로 바닥을 드러냈다. 반대로 파키스탄 같은 건조 지역에는 폭우가 쏟아져서 이재민 3천만 명이 생겼다. 이러한 자연재해로 인간의 욕망만을 채우기 위해 자연을 파괴하는 것은 위험할 수 있다는 인식이 더욱 부각되고 있다. 인식이 실천으로 이어진 사례는 다양하다. 먼저, 탄소배출에 대한 전 세계적인 협의가 이루어지고 있다. 스웨덴의 환경 소녀 그레타 툰베리(Greta Thunberg, 2003~)는 2018년 8월부터 매주 금요일 스톡홀름 국회의사당 앞에서 '기후를 위한 등교 거부'를 하여 전 세계인에게 기후 문제에 대한 관심을 환기시켰다. 또한, 젊은이들 사이에서 쓰레기를 줍는 동호회 '줍깅'도 만들어진다고 한다. '줍'은 한국어 '줍다'의 첫 글자와 영어 'jogging'의 합성어이다. 즉, 줍깅 동호회는 조깅하면서 주변에 떨어진 쓰레기를 줍는 행위를 하는 것이다.

이처럼 코로나로 인해 전 세계의 활동이 멈추어 버린 지난 세월은 생태계가 무너지면 인류가 위험하다는 메시지를 그대로 보여 주고 그로 인한 실천적인 변화를 가져왔다. 인간과 동물, 식물과 무생물이라는 경계를 무너뜨리고 인간이 하는 모든 활동이 생태계와 연결되어 있음을 알아야 한다. 왜냐하면, 우리는 생명과 무생물의 거대한 연결에 대해 나름의 책임이 있기 때문이다. 서로에게 기대어 삶을 영위하고 있는 생명체인 한 누구도 완전히 독립적인 개체로 혼자 살아가고 있음을 주장할 수 없다. 코로나 사태로 인해 마스크 없이 숨 쉬는 공기가 특별해지는 것처럼 자연으로부터 당연하게 누려 왔던 햇빛과 물, 바람에도 감사하는 마음을 느끼는 것이 중생상을 벗어나는 첫걸음일 것이다. 더 나아가 쓰레기를 줄이고 일회용품을 쓰지 않는 사소한 행동부터 지구 온난화에 대한 정책 결정 토론회에 참가해 보는 등 실천적인 관심을 기울여야 할 때가 온 것이다.

『금강경』으로 돌아와 본다. 부처님은 『금강경』 처음에 중생에 대해서 차근히 일러 주셨다. 중생은 인간과 동물뿐 아니라 햇빛, 공기, 바위까지 포함한 이 세상 만물 모두라고 말이다. 그렇기에 보살은 "'돌과 내가 한 생명 속에서 같이 호흡하고 있다'는 것을 확실히 알아"『금강경』(정화 스님), 78쪽야 한다.

앞서 중생상을 두 가지로 설명했었다. 지금까지 살펴본 '살아 있는 것만이 소중하다'라는 고정관념 외에 '나는 부처가 아니라 중생이야' 하는 관념도 중생상이다. 우리는 본디 금강과도 같은 부처의 성품을 이미 내 안에 가지고 있다. 단지 자신이 부처임을 아직 자각하지 못한 상태이므로 부처인 동시에 중생인 상태로 살고 있다. 그런데 우리는 "나는 중생이야!" 하는 생각만 고집한다. 이를 중생상이라 한다. 중생상을 일반적인 우리에게 대입해 보면 '나는 못났다' '나는 머리가 나쁘다' 하고 부정적인 생각으로 자신을 규정하는 경우를 예로 들수 있다. 나를 부족한 존재로 단정 짓는 중생상에 사로잡히면 새로운 배움과 도전을 통해 성장하고 변화할 기회를 놓치고 포기하기 쉬워진다. 주어진 뇌 용량의 일부만을 쓰고 죽는다고 할 정도로 우리의 뇌 가소성은 무궁무진하다. 만약 사고로 팔 한쪽을 잃어도 뇌의 유연성은 잃은 한쪽 팔을 인정하고 살아갈 수 있게끔 신체기능을 재배치한다. 이때 '나는 팔을 잃었다'라는 생각에 사로잡히면 내가 다시 새롭게 살아갈 가능성을 포기하게 되는 것이다.

수행자인 경우에도 중생상은 작동한다. 수행을 통해 평

소 천방지축으로 날뛰며 모든 상相에 흔들리는 마음을 훈련하여 부처의 깨달음을 자각하려고 할 때 '내가 중생인데 부처가 되는 것이 가능할까?' 하고 중생상에 사로잡힌다. 이렇게 중생상의 생각이 떠오르면 '누더기와 일그러진 그릇'을 보러 갔던 한 소년 수행자의 이야기[「벨로 띠까띳사 테라 이야기」, 『법구경 1』, 거해 편역, 샘이깊은물, 2013, 516~519쪽 참조]가 『법구경』에 있다.

초라한 누더기를 입고 찌그러진 그릇에다 음식을 구걸하던 한 거지 소년이 있었다. 아난다 스님이 거지 소년을 보고 동정심을 느껴 어린 사미승으로 출가시켰다. 사미승은 자신이 입던 '누더기와 찌그러진 그릇'을 수도원 뒷산 나무에 매달아 두었다. 구걸하며 먹고살기 힘들고 항상 불안했던 거지 소년은 사미승이 되어 굶주리거나 헐벗지 않게 되어 기뻤다. 그런데도 사미승이 된 거지 소년은 수도원에 살며 계를 지키고 부처님이 주신 주제로 명상을 하는 것이 평소 습관대로 사는 것이 아니라 힘들었다. 귀찮고 힘들다고 느껴질 때마다 사미승은 불쑥불쑥 '구걸하던 때가 더 좋았다'라고 생각했다. 이 순간 사미승이 떠올린 '거지였을 때가 더 좋아' 하는 생각이 '중생상'이다. 이때 사미승은 거지였을 때 들고 다닌 동냥 도구를 보러 뒷산에 가서 '또 그렇게 거지로 살며 천대와 멸시를 받으며 살고 싶냐'고 자신을 꾸짖었다. 그런 뒤 다시 자신의 마음을 가라앉히고 수행 주제에 마음을 집중했다. 소년 수행자는 중생상에 머무르지 않고 자신을 다스려 깨닫게 된다.

'나는 부처가 아니야. 나는 중생이야.' '나는 못났어.' 하는 중생상의 생각이 떠오를 때 동냥 도구를 보고 마음을 가라앉힌 소년 수행자처럼 자신의 부정적인 생각을 멈추어야 한다. 또 코로나 사태가 보여 준 바와 같이, 생명과 무생물이 연결되어 서로 영향을 준다는 사실을 기억해야 한다. 무생물과 나를 분별하는 것이 아니라 '돌의 호흡과 나의 호흡이 일치되어 한 생명 속에 같이 있는 것'「금강경」(정화 스님), 78쪽을 알게 되는 것이 중생상에 갇히지 않는 반야의 지혜이다.

### 4) 수자상(壽者相)— 젊음과 몸에 대한 집착

수자상壽者相의 '수'는 목숨 수壽이다. 수자상은 목숨이 영원히 지속되기를 바라는 마음으로, 젊음이 지속되어 늙지 않기를 바라며 죽음을 마주하기 싫은 생각으로 발현된다.

사람들은 흔히 나이 들어 생기는 자연스러운 몸의 변화인 노화를 받아들이기 어려워한다. 노화를 피하고자 젊고 건강한 몸에 과도하게 집착하는 경우도 있다. 물론, 건강을 위해 운동하고 식단을 관리하는 것은 매우 좋은 방법이다. 가벼운 증상으로 내원하는 환자들 대부분에게 부족한 것이 적절한 운동과 식단관리인 것은 부정할 수 없는 사실이다.

문제는 지나치게 몰두할 때 발생한다. 소식小食과 운동으로 몸 관리를 철저히 하는 환자들에게서 특히 강한 반발심을 느껴 본 적이 있다. 의사로서 "환자분의 증상은 노화로 인해 생긴 질병 때문입니다"라고 하면 받아들이기 어려워하는 것이다. 이때 건강을 위해 특별히 노력해 오던 환자들은 "노화를 막기 위해 그토록 운동을 열심히 했는데 꼭 약을 먹어야 해요? 조금 더 노력해 볼게요"라고 말한다. 그러면 나는 "늙는 것은 자연스러운 일이다. 운동을 아무리 해도 늙는 것을 막을 수 없다"라며 환자의 나이에 도움이 되는 치료법을 설명한다. 예를 들면 나이 든 분들에게는 마라톤이나 헬스 같은 고강도의 운동보다는 가벼운 산책이나 낮은 산을 등반하는 정도를 권하는 식이다. 이럴 때 많은 환자가 자신의 노화를 받아들이기 어려워한다. 의사인 나 또한 나이가 들어 감에 따라 체력이 떨어지고 각종 질병이 생길 수 있다는 것을 받아들이고 운동과 식단으로 관리 중이다. 비슷한 감정에서 출발해 유사한 행동을 하지만 거기에 깔린 마음가짐은 다르다. 그것은 노화를 자연스럽게 받아들이냐는 점이다. 이 마음가짐의 차이가 다른 결과를 가져오게 된다.

어떤 날은 중년 이후에 생기는 '고혈압' 진단을 도저히 납득할 수 없는 환자가 진료실에서 버럭 화를 내면서 고함을 지르기도 했다. 왜 화를 낸 것일까? 화라는 격한 감정까지 이어진 환자의 입장을 곰곰이 생각해 보았다. 앞서 약 대신 운동을 고집하는 마음에서 더 나아가 '나는 영원히 젊음을 유지하면서 건강할 수 있다'라는 명제[壽者相]가 마음 깊숙한 곳에 깔려 있었던 것은 아닐지 고민했다. 그래서 점점 노쇠한 몸의 상태를 직시하기보다는 마음속의 수자상을 굳건히 하면서 '노화로 인한 질병'이라는 사실을 듣고 화를 내는 것이었다. 이처럼 나이를 먹어도 노화와 관계없이 스스로 신체를 원하는 대로 조절할 수 있다고 생각하여 자연스러운 변화를 받아들이지 못하는 고집이 수자상이다.

그런데 이 같은 수자상이 튼튼해지도록 비료를 주는 곳이 있다. 과학이 발달한 현대는 우리에게 젊음과 건강이 영원할 수 있다는 환상을 부추긴다. 가장 눈에 띄는 곳은 자본에 잠식당한 건강보조식품 업계다. 광고에서는 우리 몸에 대체로 필수아미노산이나 비타민 수치가 부족하다고 전달하며, 비타민 보조제와 같은 건강보조식품을 먹어야 완벽한 상태의 체력과 건강을 유지할 수 있다고 한다. 그러나 사실 많은 현대인은 영양 과잉 상태이다. 사람들은 젊음을 유지할 수만 있다면 효과가 아직 밝혀지지 않은 온갖 고가의 미용 주사도 서슴없이 맞는다. 나이가 들어 생기는 자연스러운 주름살에 마음 아파하고 언젠가는 반드시 다가올 죽음을 받아들이려 하지 않는다. 만약 '당신은 곧 죽을 겁니다'라는 말을 들으면 우리는 어떻게 행동할까? 더 살기 위해 여러 가지 방법을 동원하는 데 힘쓰는 사람이 대부분일 것이다. 죽음을 사유하기보다는 더 사는 쪽으로 총력전을 기울이게 된다는 말이다. 『법구경』에 나오는 빠세나디 왕도 그러했다.

빠세나디 국왕은 꿈속에서 기괴한 소리를 듣는다. 왕은 꿈에서 들은 기분 나쁜 소리에 겁에 질렸고 악몽을 해석해 달라고 브라흐만인도 힌두교 우주의 근본 원리, 여기서는 사제를 말함에게 부탁한다. 브라흐만은 '왕이 들으신 소리는 당신이 곧 돌아가실 징조'『법구경1』 279쪽라고 말한다. 왕은 죽음의 공포에 휩싸인다. 그는 죽음을 피할 방도를 브라흐만에게 묻는다. 브라흐만은 "신들에게 왕 대신 다른 생명을 희생하는 제사를 지내야 한다"고 조언한다. 왕은 브라흐만의 조언을 사실이라고 믿었다. 각종 동물과 어린 남자, 어린 여자아이들 각각 일백 명을 희생물들로 준비한다. 이렇게 많은 생명을 죽이면서까지도 가능하다면 빠세나디 왕은 자신의 생명을 연장하고 싶었다. 죽음의 공포에 사로잡혀 내가 살려고 다른 생명을 해치는 것이 나쁘다는 생각조차 하지 못했다.

현대인에게서도 유사한 모습을 발견할 수 있지 않은가? 간암을 진단받고 생명이 3개월 남은 환자가 있었다. 그는 간암 진단을 내린 의료계에 대한 불신으로 도저히 죽는다는 사실을 믿을 수가 없어 민간요법과 대체 치료에 전념하며 많은 돈을 썼다. 불가능한 것이 가능할 것이라는 잘못된 판단이 가까이 다가온 죽음을 보지 못하게 만들었다. 이 경우처럼 죽지 않을 수 있다는 생각(수자상)이 진단받은 병의 기전이나 실제 내 몸이 변하는 상태를 자연스럽게 바라보지 못하게 자기 눈을 가려 과한 행동을 하게 만든다. 암 진단을 받고 대체 치료에 수천의 돈을 쓰는 환자로부터, 건강 염려로 인해 수십 가지 영양제를 챙겨 먹는 일반인들까지 모두 수자상이 작동하는 예시이다. 자본의 증식만을 목표로 하는 미디어와 세상은, 잠시 멈춰서서 몸 상태를 느끼고 휴식을 갖는 것이 죄악인 듯 전하며 각종 보조제의 오남용을 야기하고 수자상을 단단하게 만든다.

목숨이 영원히 지속되기를 바라는 마음인 수자상은 냉동인간까지 개발하게 했다. 냉동인간은 임종을 맞은 직후에 몸을 얼리는 방식으로 탄생했다. 사망 선고를 받은 사람은 뇌와 신체기능이 한동안 유지되는데 이 골든 타임에 몸이나 뇌를 얼리면 먼 미래에 해동시켜 되살릴 수 있다는 구상으로 시작되었다. 1967년 73세로 암으로 숨진 제임스 베드퍼드 캘리포니아대 심리학과 교수가 세계에서 첫 냉동인간이 되기를 선택했으며, 그의 시신은 미국 애리조나의 알코어 생명연장재단에 보관된 상태이다. 그후로도 부활을 꿈꾸는 600구의 시신이 냉동 상태로 보관되어 있다고 한다. 이렇게 수자상에 얽매인 사람들은 냉동하는 방법으로 '나의 몸이나 뇌'를 영원히 보존하기를 원한다.

질병으로 아픈 것과 죽는 것은 계절이 바뀌는 것처럼 자연스러운 과정이다. 여름과 같은 젊음이 좋다고 가을이 왔을 때 가을을 거부해도 소용없다. 젊음과 건강에 아무리 집착해도 시간은 흐르며 때가 되면 늙고 아프고 죽을 수밖에 없다는 것이다. 의사인 나는 현장에서 병과 죽음의 불안에 시달리는 환자들을 매일 만나고 있다. 나 또한 죽음에 대한 막연한 공포로 불안함을 느낀다. 그러나 수자상 공부를 통해 불안함을 직면하는 연습을 하는 중이다. 나의 불안함은 몸의 세포는 시시각각 변하고 있는데 젊은 채로 남아 변하지 않기를 바라는 마음에서 비롯되고 있었다. 이처럼 두려움을 일으키는 마음을 알아차리면서, 나와 환자 모두에게 죽음은 특별한 것이 아니고 아픈 것도 자연스러운 일이라고 매일 이야기한다.

그리고 어느 정도 아픈 것이 노화의 자연스러운 과정이라고 받아들인 환자들이 약간의 불편함과 함께 현재를 더 잘 사는 경우를 종종 본다. 환자들이 젊었을 때처럼 건강을 회복할 수 있다고 믿고 더 좋은 병원, 더 나은 의사를 찾아다니는 것을 멈추기 때문이다. 나는 그들에게 소박하게 먹고 소화도 할 겸 매일 걷고 편안히 잠자기를 권유한다. 매일 아파서 죽고 싶다는 분들에게 "아침에 눈 뜨면 오늘도 살았네! 하고 감사해 보자"라고 한다. 건강하신데도 불구하고 죽음을 너무 걱정하시는 분들에게는 농담처럼 "죽을 때가 되면 알아서 죽을 테니 걱정하지 마세요"라고 말한다. 그러면 환자들은 한바탕 웃고 집으로 돌아간다.

삶은 붙잡을 만한 고정된 실체가 없고 강물의 흐름처럼 계속 변하고 있다. 이를 『금강경』에서 '범소유상 개시허망'이라 한다. 즉 "무릇 모든 상은 다 허망하다"라는 뜻이다. 여기서 '모든 상'이란 우리가 경계 짓는 상들을 말하며 지금껏 살펴보았던 것처럼 자신과 타인, 가족 테두리의 안과 밖, 생물과 무생물, 젊음과 건강 그리고 고정관념, 가치관 등을 의미한다. 상이 허망하다는 말은 고정된 실체가 아니라는 뜻이다. 어떤 상을 경계 지어 고정된 것으로 보는 것은 거짓이며 시시각각으로 변화하고 있다는 진실을 알아차려야 한다. 그러므로 어떤 경계에도 집착하거나 고집하지 않는 것이 보살의 삶을 사는 것이다. 그리고 조금 먼저 『금강경』을 만나 여러분에게 전하고 싶은 내용은 특정 상태를 '고집하는 생각'을 내려놓고 지금의 자신을 인정하고 세상에 마음을 열고 산다면 더 행복해진다는 사실이다.

# 3. 상相이 없다는 상相에도 머물지 마라

보살은 모든 상이 망상임을 알아 아상, 인상, 중생상, 수자상에 얽매이지 않아야 한다. 분별이 일어난 순간에 자신이 좋아하거나 싫어하는 감정과 선악을 얹어 '상'을 만든 것을 진짜라고 생각하지 말아야 한다는 말이다. 하지만 일상에서는 돌부리에 걸려 비틀거리기도 하고, 같은 팀 조원이 발표 준비에 무임 승차하기도 하며, 잠들기 전 거울 속 눈가의 주름을 보고 매 순간 분별이 일어나기도 한다. 여기서 중요한 것은 단지 이 분별이 그 순간 마음에서 일어난 먼지구름일 뿐인 것을 알아차리는 것이다. 그런데 때때로 우리는 분별이 일어난 순간조차도 없애야 한다고 조바심을 내면서 비법상非法相이라는 상을 다시 만들어 낸다. 이렇게 되면 일상에서 늘 마주치는 다양한 상황과 그에 따른 감정에 대해서 "나에게 일어나는 모든 생각과 감정을 없애야 해!"라는 다짐을 하게 된다. 결국 또 다른 상을 만들게 되는 것이다. 비법상으로 만들어 내는 상은

'무아無我라는 상'이다. 아상, 인상, 중생상, 수자상을 피하려는 마음으로 또다시 새로운 상을 만들어 내다니! 다행히도 부처님은 여기까지 내다보셨다. 그래서 『금강경』을 통해 상에 집착하지 않는다는 상에도 머물지 말아야 한다고 전한다.

> 비법상非法相을 갖게 되더라도 아상, 인상, 중생상, 수자상에 집착한 것이 되기 때문이다.「6. 바른 믿음은 드물고」(正信希有分), 『금강경』
>
> (정화 스님), 116쪽

'비법상'은 상이 없다는 명제를 다시 실체화한 마음이다. '네 가지 상을 타파하여 보살이 되겠다'고 마음먹는다면 이 또한 자신이 만들어 낸 설정이 되어 새로운 상을 만든 것이다. 왜냐하면 무엇인가 '있다' '없다'라고 말하기 위해서는 대상이 고정불변하는 실체로 존재하는 것을 전제하기 때문이다. 네 가지 상에 대한 이해는 우리가 고유한 것으로 생각하여 번뇌를 일으키는 회로를 이해하는 방편일 뿐이다. 이후 네 가지 상이 없는 무아를 일상에서 실천할 때 무아를 새로운 상으로 만드는 것은 번뇌의 원인임을 뚜렷이 이해해야 한다.

그리고 느껴졌는지 모르겠다. 이 모든 분별과 '상'으로 구분 지음은 머릿속에서만 정리하고 이해하기엔 한계가 있고 또다시 상에 사로잡힐 위험이 있다. 그러므로 삶 속에서 부딪

히고 깨지며 화가 나는 순간 사유해야 한다. 살아 있는 한 주위와 관계를 맺고 살아가기 때문에 매 순간 상이 작동하고 감정이 휘몰아치는 상황을 맞이할 때마다 『금강경』을 떠올리면 진정한 공부가 될 것이다.

당연하게도 내가 나로 인식하고 살기 때문에 너를 타인으로서 분별하게 된다. 그러면 내가 너를 제치고 더 많은 부를 축적해 부자가 되거나 내가 너보다 더 유명해지길 바라고, 더 빠르게 높은 지위에 도달하고자 애쓰게 된다. 나와 너, 우리 가족과 너희 가족, 생명과 무생물, 늙음과 젊음의 상相을 만들고 부와 가난, 지위의 높고 낮음, 큰 키와 작은 키 등을 비교하며 괴로워한다. 사실은 저마다 온전한 자신으로서 있을 뿐이다. 나와 너를 비교하고 분별하며 '내가 더 잘났어', '너보다 나는 못났어' 하며 상을 만들어 괴로워할 필요가 없다. 상을 떠난 관점으로 보면 나와 너를 가를 것도 없고 인간과 자연을 차별할 수도 없으며 인간과 우주로 나눌 수도 없다.

세상은 원인과 결과라는 연기緣起 조건에 의해서 존재한다. 어떤 것을 원인으로 해서 결과가 나타난 것이지 갑작스럽게 결과가 뚝 떨어지는 것은 아니다. 즉, 일체가 분리될 수 없고 세상에 존재하는 모두가 연결된 것이다. 식물, 동물, 생물, 무생물까지 모두 연관되어 있다. 가만히 생각해 보면 우리는 편리하게 이름을 만들어서 구별할 뿐이지 존재 자체는 금을 그을 수 없다. 공기만 해도 내 코를 통해 폐로 들어간 공기와 허공에 가득 찬 공기를 어찌 분리할 수 있는가? 세계는 다만 그렇게 존재하며, 그저 생긴 대로 완전한 상태로서 서로가 연결되어 있다. 여러 가지 갈등과 괴로움은 우리가 분별을 일으켜 다양한 생명을 별개로 보기 때문에 생겨난다. 화가 났을 때 분별을 일으킨 생각을 탐구하여 상황을 명징하게 볼 수 있고 괴로움에서 벗어날 수 있다.

모든 상이 망상임을 아는 지혜인 '범소유상凡所有相 개시허망皆是虛妄'은 '약견제상비상若見諸相非相 즉견여래即見如來'로 이어진다. '상이 모두 실제 상이 아님을 보면 진실한 부처의 뜻을 정확히 알게 된다'라는 뜻이다. 우리가 일상에서 일으키는 무수한 번뇌의 원인이 이렇게 금을 그어서 나를 중심으로 상대라는 상을 만들기 때문에 생긴다. 일체는 본래 연결되어 있는데 말이다. 지금까지 『금강경』의 '모든 상이 망상'이라는 무아無我의 지혜를 이해했다. 그러면 일상에서 무아의 지혜를 어떻게 연습할 수 있을까? 『금강경』은 친절하게 방법을 일러 주고 있다. 머무는 바 없이 하는 미묘한 활동(묘행무주妙行無住)을 통해서 말이다. 대표적인 활동이 '보시'다.

묘행무주 행어보시

妙行無住 行於布施

"또한 수보리여, 보살은 그 어떤 대상[法]에도 집착하지 않고 보시해야 한다. 예컨대 보이는 모습에 집착하지 않고 보시해야 하고, 소리·냄새·맛·감촉·의식의 대상[法]에도 집착하지 않고 보시해야 한다. (……) 보살이 어디에도 집착함이 없이 보시하는 복덕 또한 이처럼 헤아릴 수 없는 것이다. 수보리여, 보살은 응당 이렇게 배운 대로 살아야 하느니라."

『낭송 금강경』 186쪽

# 1. 보시의 출발은 재보시

'모든 상은 망상'임을 설명한 앞 장을 통해 무아의 지혜를 배웠다. 그러면 '나', '내 것', '내 고집'을 줄이는 방법이 무엇일까? 『금강경』이 제시하는 방법은 '보시'이다. 보시란 자비의 마음으로 다른 이에게 아무런 조건 없이 베풀어 주는 것을 뜻한다. 그래서 우리는 보시를 흔히 나눔이라고 생각하기 쉽지만, 일반적으로 베풀고 나누는 것과는 다르다. 왜냐하면 보시는 나와 너라는 분별이 없는 무아를 실천하는 방법이기 때문이다. 보시는 내가 너에게 나누거나 베푼다는 생각에 사로잡히지 않는 행이다. 그래서 보시 앞에 '묘행무주妙行無住'란 말이 붙는다. 묘행무주는 '머무는 바 없는 미묘한 행'을 말한다. 베풂을 행하지만 마음이 베풂에 머무르지 않아야 한다.

"보시에는 세 종류가 있습니다. 첫째는 재시財施로서 외형적이며 물질적인 것입니다. 돈이나 재물로써 보시하는 것으로 외보시外布施라고도 합니다. 둘째는 법시法施로서 정신적인 것입니다. 지식을 전수하거나 지혜를 계발시키는 것 등이 모두 정신적 보시로서 내보시內布施라고 합니다. 셋째는 무외시無畏施입니다. 고통이나 어려움으로부터 구해 내는 보시입니다."

남회근, 『금강경 강의』, 신원봉 옮김, 부키, 2008, 104쪽

보시에도 종류가 있다. 총 세 가지인데, 이중에서 가장 잘 알려져 있고 쉽게 볼 수 있는 재보시(재시財施)부터 살펴보려고 한다.

재보시는 돈이나 재물을 조건 없이 베푸는 것을 말한다. 왜 재물을 보시하는 것이 아상을 깨트리는 수행이 될까? 앞서 이야기했듯이 나와 나의 소유를 동일시하는 생각, 이것이 아상이다. 그래서 아상을 깨려면 지금 내가 소유한 것처럼 보이는 재물이 여러 인연 조건으로 잠시 온 것임을 알고 언제든지 흘려보낼 줄 알아야 한다. 그런데 소유한 것이 곧 나라는 집착을 습관적으로 당연시하면 할수록 재물에 대한 집착이 뿌리 깊게 자라난다. 그래서 보시 연습을 하는 것이다. 더불어 소유 지향적 삶이 지독한 구두쇠 스크루지처럼 결국엔 자신을 괴롭힌다는 것도 알아야 한다.

자본주의 사회에서는 많이 소유해야 더 행복하고 안전하다고 생각하는 경향이 있다. 자본의 소유를 정당화하고 부추

기는 편이다. 그러다 보니 대부분의 사람이 세계와 관계하는 방식을 보았을 때 사회에서 인정받는 사물을 나의 것으로 만들고자 하는 것을 확인할 수 있다. 그런데 앞의 '2장 모든 상은 망상!'에서 보았듯이 이 생각은 허상에 기초하고 있다. 내가 가졌던 재산은 언제든지 더 축적하거나 잃을 수 있으며 나의 사회적 지위도 시시각각 바뀔 수 있기 때문이다. 설령 내가 모든 것을 가지고 있는 듯이 보여도 이는 인생의 흐름 중에 일어난 '찰나'에 불과하다.

소유지향적으로 살면 어떤 삶의 형태가 나타날까? 불안정과 적대감, 죽음에 대한 두려움을 지니고 과거와 미래를 오가는 생각의 홍수 속에 살아갈 확률이 높아지게 된다. 먼저 불안정은 소유 자체의 속성 때문에 일어난다. 영원히 소유할 수 있는 것이 없기 때문이다. 재산도 건강도 사람도 사랑도 변하고 결국에는 잃게 되기도 한다. 소유가 곧 나의 존재였던 사람은 항상 불안감을 느끼며 내가 소유한 것들을 지속할 수 있도록 돕는 체제인 보험과 은행을 적극적으로 활용한다. 두번째, 적대감은 내가 가진 것들을 빼앗기지 않기 위해 다른 사람들에게 경쟁적으로 반응하면서 나타난다. 타자는 나의 것을 빼앗는 존재로 인식되기 때문이다. 이때 강력하게 작용하는 것이 아상, 인상이다. 특히 내 편을 나와 동일시하고 나머지를 배척하는 인상의 강한 작용과 동시에 소유를 추구하게 되면 경쟁이 당연시되고 석유 소유권 문제 같은 것으로 나라 간의 다툼이 심해지면 전쟁도 불사하게 마련이다. 그래서 "소유와 이익을 조장하면서 동시에 평화를 유지할 수 있다는 생각은 한낱 환상이며, 그것도 아주 위험한 환상이다".에리히 프롬, 『소유냐 존재냐』, 차경아 옮김, 까치, 2020, 165쪽

또 인간은 욕망의 충족을 위해 산다. 욕망의 충족은 삶에 의욕과 활기를 준다. 문제는 소유지향적인 방향으로 고정된 욕망은 이미 충분한 상태에 도달했음에도 좀 더 많은 것을 원하게 만든다는 점이다. 이는 끝없는 추구를 만들어 새로운 자극을 찾아 헤매는 삶을 만들고 그 끝은 허무함과 공허함이다. 그리고 결국은 소유하고 있는 것을 모조리 잃게 하는 죽음을 항상 두려워하게 된다.

아파트 청약에 실패한 어떤 분은 '저 아파트를 가질 수 있었는데, 잃었어'라며 일어나지 않은 일에 마음을 쏟고 괴로워했다. 그리고 누군가는 사랑하는 사람의 경제력을 친구의 배우자가 가진 것과 비교하며 끊임없는 결핍의 늪에 빠진다. 내 존재 가치를 소유로써 증명하고자 하므로 타자를 배척해야만 나의 자존감과 가치가 상승한다고 생각한다. 이렇게 존재 이유를 내 안에서 찾지 않고 밖에서 주어진 재화, 재산에 두며 이해득실을 따지는 일상을 살아가다 보면 남들보다 덜 가졌다고 생각하면 더 가지지 못할까 봐 불안하고, 남들보다 더 가

졌다고 생각하면 이미 가진 것을 잃어버릴까 봐 두려워하게 된다.

탐욕과 증오는 소유하려는 마음에서 비롯되며, 소유욕은 그릇된 환상에서 비롯된다. 이 인과관계를 인지한다면 진정한 보시의 실천으로 이어지는 발판을 마련했다고 볼 수 있다. 수많은 그릇된 환상과 광고의 홍수 속에서 소유가 행복인 줄 알았던 무지無知가 깨어지기 때문이다. 존재가 수많은 연결 속에 있음을 알고 지금의 존재 그 자체에 감사하게 된다. 나와 타인의 구별이 없는 앎을 깨우치고 나면 우리가 할 수 있는 것은 받으면서 끊임없이 내보내는 순환의 삶이 된다. 그래서 우리가 무엇인가를 내보내는 순간 보살이다.

여기까지 봤을 때 불교의 보시 원리는 한 사회 속에서 생활하는 데 요구되는 윤리와 큰 차이가 없어 보인다. 예를 들어, 어려운 환경에 처한 아이들이나 노인들을 지원하는 기구 혹은 구세군 냄비에 누구나 한 번쯤 소액의 돈이라도 넣어 본 기억이 다 있을 것이다. 워낙 인터넷이 발달하여서 지구 반대편의 아프리카 아이들의 굶주림을 쉽게 접할 수 있다. 또 자선 단체들도 많아서 재보시를 실천하기 좋은 조건에 살고 있다. 남을 도와주고 착한 일을 해야 한다는 도덕적인 행동 방식을 학교에서 배우고 살아가다 보면, 김밥 할머니나 유명 연예인의 기부에 박수를 보내는 나 자신을 돌아보게 된다. 많고 적음에 관계없이 가진 것을 사회에 나누는 것이 좋은 삶이라 느끼게 된다. 대부분의 사람은 어려운 사람을 보면 돕고 싶어 한다. 위와 같이 느낀 사람들은 보시를 일상생활에서 습관적으로 실천하며 살아간다. 그러나 불교 용어로 보시를 정의하자면 보다 더 깊은 차원의 탐구가 필요하다. 부처님은 이에 대해 뭐라고 말씀하셨을까?

> "또한 수보리여, 보살은 그 어떤 대상에도 집착하지 않고 보시해야 한다. (……) 수보리여, 보살은 응당 이렇게 배운 대로 살아야 하느니라."「4. 미묘한 활동은 얽매임이 없고」(妙行無住分), 『낭송 금강경』 186~187쪽

보시는 재물을 흘려보내고 기꺼이 받는 훈련을 함이었다. '네 가지 상'을 배운 보살은 보시할 때도 '상'相의 함정에 빠지지 않도록 주의해야 한다. 그것이 바로 '대상에 얽매임 없이 하는 보시'다. 보시를 하려는 대상을 구분 짓는 것뿐만 아니라 특히 조심해야 할 것은 '아상'我相으로 보시해서는 안 된다는 말이다. '내가 너에게 보시한다'는 생각으로 보시하지 않는 마음가짐이 필요하다. 좀 더 구체적으로 말하면 '내가 누구에게 무엇을 어떤 이유로 보시한다'는 생각 자체를 다 놓아 버려야 함이다. 나는 너에게 베풀고 있고, 너는 나에게 베풂을 받

는 대상이라는 개념과 구분 자체도 없애 버리는 것이다. 보시를 대상에 얽매임이 없이 할 때 이를 '묘행'妙行이라 한다. 그런데 바라는 것 없는 베풂을 곧바로 실천하기 어렵다. 생각을 내려놓기 전에 나와 상대방, 보시의 행동과 이유를 인지한 후에 흘려보내는 것도 진정한 보시의 연습이 될 수 있다. 숨겨 왔던 나의 흑역사로 조금 더 자세히 알아본다.

## 2. 나의 어긋난 재보시 흑역사

'대상에 얽매임 없이 하는 보시'가 무엇인지 구체적으로 알기 어려울 수 있다. 그래서 나의 과거 보시 사례를 고백하려고 한다. 베푸는 것이 무조건 좋다고 열심히 한 나의 보시! 과거에는 내가 했던 보시를 자랑스러워했다. 그런데 이번 『금강경』 공부를 통해 보니 나의 재보시는 대상과 목적이 뚜렷한 보시였음이 드러났다. 이를 통해 과거의 나를 반면교사로 보고 '대상에 얽매임 없는 보시'를 명징하게 알게 되었다.

처음 불법을 만났을 때 가장 인상 깊었던 이야기는 두 가지였다. 첫째는 불교의 진리를 만나는 인연이 '백천만억 겁 만에 태평양의 눈먼 거북이가 나뭇등걸의 구멍에 머리를 내밀어 숨 쉬는 것만큼 귀한 일'이라는 게송이다. 또 하나는 우리가 과거의 업장으로 먼지가 수북한 상태라 그 먼지를 털어야 진리를 만날 수 있다는 것이었다. 두 구절을 듣고 보니, 귀하게 만난 불법을 제대로 배우기 위해 마음에 쌓인 먼지를 빨리 털어 내야겠다는 생각에 사로잡혔다. 그러자 보시가 먼지를 닦는 방법의 하나며, 공부하는 스님께 공양을 올리는 것이 제일 좋은 방법이라는 말이 내 귀에 강렬하게 꽂혔다. 그래서 나는 보시를 많이 해서 업장이 하루빨리 줄어야 불교의 진리를 제대로 만날 수 있다고 여겼다. 그러다 보니 나는 보시를 많이 하면 할수록 좋은 것이라고 받아들이게 되었다.

첫 보시는 불교 스승으로 소개받은 큰 스님의 대웅전 대들보 신축 공사에서 시작되었다. 대들보는 절의 기초이니 이런 불사佛事에 보시한다면 내 공부의 기초도 튼튼해지리라 믿었다. 더불어 부처님처럼 6년간 고행하지 않아도 쉽게 깨달으리라 생각했다. 그래서 보시하라는 권유에 기꺼이 전액을 보시했다. 빨리 부처님 법을 깨달아 중년의 막연한 허무에서 벗어나고 싶었다. 또한 스승이 시키면 이 정도는 기부한다는 뿌듯함도 작동했다. 이렇게 나는 누군가가 나에게 깨달음을 줄 거라는 믿음이 생기면 자동으로 보시했고 도반에게도 무조건 베풀었다. 타인을 위해 재산을 흘려보내는 것이야말로 재보시에 걸맞은 일이라 생각하고 한 치의 의심도 없이 돈을 썼다.

이런 사례는 일일이 나열하기가 어려울 정도로 많다. 이를 잘 들여다보니 '보시를 많이 하면 빨리 깨닫겠지!' 하는 나의 욕심이 보인다. 이렇게 이상이 작동하는 마음 근저에는 두려움이 있었다. 불교의 진리—'제행무상諸行無常, 모든 것은 무상하다'를 듣고 나는 사실 두려웠다. 내가 가진 것들이 모두 변해서 지금 누리는 행복이 사라진다고 생각했기 때문이다. 한편으로는 불법을 만났으니 이 이치를 깨달으면 결국은 사라지고 변하는 행복보다 더 나은 무언가가 있을 것이라 짐작했다. 그래서 부처님처럼 궁극적 진리를 깨달으면 지극한 행복이 있으리라 생각했다. 사실 이 상상은 맞다. 부처님이 가르쳐 주신 진리를 제대로 알면 탐진치貪瞋癡 번뇌가 줄고 주위 조건에 흔들리지 않는 평온한 마음이 된다. 이것이 지극한 행복이다.

문제는 내가 법을 보는 안목이 부족했고 두려움으로 인해 중생과 부처를 이분법적으로 바라보고 중생을 벗어나 빨리 깨닫고 싶다는 욕심으로 행동했던 것이었다. 마음속 깊숙이 도사렸던 두려움은 곧 집착과 조급함으로 바뀌었다. 하루라도 먼저 깨달아 허무에서 벗어나고 싶어서 '무작정 많이 퍼주는' 것이 내게는 보시였다. 보시하는 행위의 밑바닥에는 '나는 이 정도는 한다'라는 아상은 물론이고 깨달음이라는 결과에 빨리 도달하기를 바라는 욕망이 있었다. 즉 아상과 중생상이 강하게 작동하여, '대단한 나'라는 아상과 '부처가 되기 위한 중생일 뿐인 나'라는 중생상에 얽매여도 너무 얽매인 보시였다. 그러나 인생의 굴곡을 겪으면서, 이혼을 겪었을 때는 제발 재판이 끝나기를, 이후에는 선정에 들어서 이 모든 괴로움이 단번에 사라지기를 염원하는 마음으로 귀한 불법을 제대로 배우고자 했던 본래의 생각조차 잊고 습관적으로 불교와 관련된 다양한 곳에 재보시를 하였다. 결국 부처님이란 상相을 붙잡고 허무와 괴로움, 죽음의 두려움을 피하는 방편으로 보시했던 것이다. 『금강경』에서 말하는 '대상에 얽매임 없이 하는 보시'와 달리 나의 과거 보시는 욕망에 얽매인 보시 흑역사였다.

불교 공부를 한 사람이라면 들어 봄 직한 야사가 생각난다. 중국 남북조 시대 양나라의 초대 황제 양무제와 달마 대사의 만남이다. 양무제는 불교에 심취하여 국고를 탕진할 만큼 불사佛事를 했다. 그가 인도에서 '선禪'을 전파하러 온 고승 달마 대사를 만나게 되었다. 양무제는 자신이 인도의 아소카 왕처럼 불사를 많이 한 업적을 자랑한다. 그러고는 얼마만큼의 공덕이 되겠냐고 달마 대사에게 질문하였다. 달마 대사는 한마디로 "무"無라고 하였다. 얼굴이 울그락불그락해진 양무제와 태연한 달마 대사를 상상하면 웃음이 나온다. 이렇게 재물을 아무리 많이 내놓아도 자신이 한 것을 생색낸다면 결코 보시의 이치를 깨달은 자가 아니다. 이를 달마 대사는 "무" 한마디로 정리해 버렸다. 대상을 두지 않는 응무소주應無所住의 마음이 보시의 원칙이다. 부처님 역시 똑같은 이야기를 『금강경』에서 하는 것이다.

# 3. 주위를 편안히 하는 무외시

재보시財報施는 재물이나 물건 같은 유형의 물질을 베푸는 것이다. 그런데 무외시는 두려움에서 벗어나도록 돕는 행行이다. 이는 무형인 마음을 도와주는 것이다. 무외시는 보살의 수행 육바라밀六波羅密 중 지계持戒와 인욕忍辱원빈, 『원빈 스님의 금강경에 물들다』 95쪽에 해당한다. 내가 계율을 지키는 지계가 어떻게 주위를 편안하게 하는 무외시에 해당하는 것일까?

일단 불교에서 지켜야 할 계율 다섯 가지[五戒]를 살펴보자. 첫번째 계율은 불살생不殺生으로 생명이 있는 것을 해치지 않는 것이다. 이는 함부로 생명을 죽이는 마음을 멈추는 것으로, 불살생의 마음이 있다면 주위에 있는 생명들이 안심할 수 있다. 나를 해친다는 마음이 없다는 것이 감지되니 두려움이 사라지기 때문이다. 그래서 산사에 있는 다람쥐들이 방문객들을 무서워하지 않고 가까이 다가오는 풍경을 종종 볼 수 있다. 그래서 불살생을 지키는 것이 주위를 편안히 하는 무외시가 될 수 있다.

두번째 계율은 불투도不偸盜, 남의 것을 훔치지 않는다. "자유롭게 주고받되 탐욕이나 강압, 사기로 남의 것을 취하지" 않는다는 것에드윈 아놀드, 『아시아의 등불』; 삐야닷시 테라, 『붓다의 옛길』, 224쪽에서 재인용이다. 이 마음으로 재물을 대한다면 그 흐름이 자연스러워져 모두가 욕심이 줄어든다. 원초적으로 저 사람이 나의 것을 훔치지 않을 사람이라고 알게 되면 안심하게 된다.

세번째는 불사음不邪婬, 남의 부인이나 남편을 탐하지 않는다. 비합법적이거나 정당하지 않은 육체적 관계를 강제하는 것은 모두 폭력이다. 좋아한다는 감정에 취해 상대가 나를 불편해하는 것이 보이지 않는 것은 매우 위험하다. 또 좋아하는 누군가가 남의 아내 또는 남편이라면 나의 좋음이 다른 이에게 불행을 일으킴을 알고 욕정을 멈추어야 한다. 이를 멈춘다면 모두가 평화로워진다.

네번째는 불망어不妄語, 거짓말을 하지 않는다. 말로 짓는 죄도 전파력이 크다. 본 것을 거짓으로 전하면 그 파장이 전해져 서로를 나쁘게 생각할 수 있다. 그래서 욕하거나 거짓말을 하지 말아야 한다. 상대를 온전히 믿기만 해도 마음에서 두려움은 상당히 줄어든다.

마지막으로 불음주不飮酒, 술을 마시지 마라. 맑은 마음과 깨끗한 몸이 정신을 청정하게 한다. 당연히 취하게 하는 마약이나 술은 피해야 한다. 이처럼 계율을 지키는 것이 주위를 해치는 마음을 멈추고 조건과 환경을 편안하게 한다. 그러면 두려운 마음이 줄어든다. 그리고 계율은 스스로가 탐진치를 향해 달려가는 마음을 멈추게 도와주니 일상을 건강한 삶으로 만드는 힘이 있다. 계율을 지키는 건강한 사람은 주위를 건강하게 만드는 힘이 있다. 이 다섯 지계가 주위를 편안히 하는 무외시의 수행 방법이다.

앞서 무외시는 보살의 수행 육바라밀 중 지계와 인욕에 해당한다고 했다. 인욕忍辱은 어떤 괴로움도 잘 참는 것이다. 불법 수행의 필수 조건으로 인욕은 세상의 온갖 고통, 번뇌, 모욕을 참으면서 원한을 일으키지 않는 상태이다. 이를 단순히 보면 화를 내지 않음이라 볼 수 있다. 그렇다면 화는 어디서 비롯된 것일까? 아상에서 보았듯이 내가 있으니 네가 있다는 이분법적인 사고방식에서 화는 시작한다. 나라는 개념이 실재한다는 착각이 나와 너, 나와 세상, 아군과 적군, 좋은 것과 싫은 것 등 상대적인 개념을 만든다. 그리고 세상이 서로 상호의존적으로 작동하는 것을 알지 못하고 무조건 내가 원하는 바가 이루어져야 한다고 생각하게 된다. 물론 우연히 세상의 흐르는 조건이 맞아 원하는 바가 성취되기도 한다. 그런데 실제로는 원하는 바가 이루어지지 않는 경우가 더 많고 이때 우리는 남 탓, 세상 탓을 하며 화를 낸다. 인생은 새옹지마

塞翁之馬라는 속담처럼 인생의 길 위에서 내가 원하는 것이 이루어지는 일이 좋은지 나쁜지는 사실 알 수 없는 일이다. 그런데도 우리는 나를 내세우고 욕심을 덧붙인다. 내 기준에 맞지 않는 많은 일들을 향해 분노한다. 이렇게 해서 우리는 탐진치라는 삼독심을 키운다. 이때 인욕은 탐진치를 줄이고 아상이라는 어리석음을 깨는 과정 중 하나이다.

"『금강경』에서 말하는 참된 인욕이란 참되 참는다는 생각마저도 다 소멸된 참음"법상, 『금강경과 마음공부』, 288쪽이다. 아상我相이 없는 보살은 '참는 나'와 '괴롭히는 너'로 이분법적 사고에 사로잡히지 않는다. 단지 인연 조건에서 일어난 사건의 흐름이 있을 뿐이다. 이렇게 나와 너의 분별이 없으니 참을 것조차 없어지는 상태를 수행하게 된다. 상대의 분노를 참는 것뿐 아니라 이를 자비로 돌려주는 것이 진정한 인욕이다. 이를 '인욕바라밀'이라 한다.

실제로 인욕바라밀을 잘 보여 주는 부처님의 이야기가 있다. 부처님께서 전생에 인욕선인忍辱仙人으로 숲속에서 고요히 명상에 잠겨 있었다. 이때 숲속에 가리왕迦利王이 사냥을 나왔다. 가리왕은 사냥하고 피곤하여 숲속에서 깜박 잠이 들었다. 잠을 깨고 보니 같이 나온 시녀들이 보이지 않았다. 시녀들은 선정에 든 인욕선인이 너무 고귀해 보여 그 앞에서 예를 올리고 있었다. 이 광경을 보고 가리왕은 질투심으로 화가 머리끝까지 올랐다. 왕은 "어찌 방자하게 남의 여색을 탐하는 가?" 하고 소리쳤다. 인욕선인은 "나는 여색을 탐하지 않습니 다. 나는 인욕을 닦는 수행자입니다"라고 했다. 왕은 '얼마나 인욕을 잘하는가 두고 보자' 하는 마음으로 인욕선인의 코를 베고 팔, 다리를 모두 베었다. 이 사건을 가지고 부처님은 『금 강경』에서 인욕에 대해 직접 수보리에게 설하신다.

> "수보리야, 여래께서는 인욕의 완성이 아닌 것을 인욕의 완 성이라고 말씀하신다. 수보리야, 옛날에 가리왕이 나의 몸을 베어 내던 때에도 나에게는 아상, 인상, 중생상, 수자상이 없 었기 때문이다. 옛날 나의 몸을 마디마디 베어 낼 때 나에게 아상, 인상, 중생상, 수자상이 있었다면 반드시 성내고 원망 하는 마음이 있었을 것이다."「14. 상을 떠난 고요함은」(離相寂滅分) 『금강 경』(정화 스님), 216쪽

이렇게 상이 사라진 무아無我의 상태가 되니 부처님은 몸 이 갈가리 찢길 때도 자비심이 흘러나와 가리왕이 부처님을 해친 인연으로 성불하기를 발원하셨다고 한다. 그리고 가리 왕은 부처님의 발원으로 후생後生에 성불하였다고 한다.

이렇게 상대의 분노를 인욕하여 자비로 바꾼 또 다른 일 화가 있다. 『입보리행론』入菩提行論의 저자 샨티데바의 이야기

이다. 샨티데바(Shantideva, 적천寂天, 685~763) 스님은 7~8세기경 인도 나란다 대학에서 대승의 중요 사상을 널리 알린 분이다. 샨티데바는 사우라이슈트라국의 왕자로 태어났다. 왕자의 꿈에 문수보살이 나타나 "왕의 자리는 지옥과 같다"는 말을 했다. 샨티데바는 꿈에서 들은 문수보살의 말에 왕위 계승에 회의를 품었다. 결국 그는 왕위 계승 전날 몰래 왕궁을 빠져나갔다. 그러고는 그는 나란다 대학에 가서 비구가 되었다.

많은 큰 스님들 밑에서 부처님의 가르침을 듣고 배우면서 샨티데바는 자신의 부처, 금강을 알아보았다. 그 뒤 은밀히 하되 하는 바가 없는 무위행無爲行을 닦았다. 그런데 이 모습이 다른 학인들에게는 항상 먹고 자고 놀기만 하는 스님으로 보였다. 나란다 대학의 전통에는 스님들이 경을 외우는 대회가 있는데 샨티데바의 차례가 되었다. 이때 다른 스님들은 설법 자리에 자신들의 가사 수천 장을 쌓아 게으른 샨티데바 스님이 설법 자리에 올라가지 못하게 했다. '수천 장의 가사가 쌓인 좌석 앞에 선 스님의 표정은 고요했다. 그는 신통력으로 좌석을 눌러 올라가기 좋은 높이로 낮춘 후 편안하게 설법좌에 올라'원빈 스님 강설, 『굿바이, 분노』, 이층버스, 2021, 11쪽갔다. 그러고는 천천히 대중들에게 물었다. "여태까지 외웠던 것을 설법할까요? 아니면 지금까지 없었던 것, 즉 새로운 것을 설법할까요?" 대중들이 '지금까지 없었던 것'을 설법할 것을 요구했고 그 결과

물이 『입보리행론』이다.샨티데바, 『샨티데바의 입보리행론』, 청전 옮김, 담앤북스, 2019 참조

　샨티데바는 자신을 따돌린 수천 명의 학인에게 분노한 것이 아니라 인욕하고 자비를 실천했다. 샨티데바는 학인들이 자신을 무시한 것에 화를 내기는커녕 도리어 그들에게 '수행자들이 간절히 원하는 깨달음의 길에 필요한 모든 정보'원빈 스님 강설, 『굿바이, 분노』, 11쪽, 『입보리행론』을 제공했다. 이 책은 "대승불교의 씨앗인 보리심과 보살행의 실천에서 대승 사상"샨티데바, 앞의 책, 9쪽의 요점을 일목요연하게 정리하고 있다.

　이렇게 인욕은 환경의 어려움을 긍정적으로 받아들이는 내공을 키우게 한다. 더 나아가 아상, 인상, 중생상, 수자상이 망상임을 알게 되면 사실은 참을 것이 없다는 것을 알게 된다. 그래서 자연스럽게 인욕하는 사람은 자비의 관점을 가지게 되니 그는 무외시를 실천하는 중이다. 보살도 이처럼 해야 함이다.

# 4. 차원이 다른 법보시

"수보리여, 이제 내가 진실한 말을 하겠노라. 만약 선남자 선여자가 일곱 가지 보배로 갠지스 강의 모래알만큼이나 많은 삼천대천세계를 채우는 보시를 한다면, 그 복덕이 많겠느냐?"

"매우 많습니다, 세존이시여." 「11. 조작 없는 복의 뛰어남은」(無爲福勝分),

『낭송 금강경』 196쪽

재보시를 공부하다 보면 '부자들은 재물이 많으니 더 유리한가?' 또는 '재물이 없으면 나는 보시를 못하는 것인가?'라는 의심이 들 수 있다. 그런 물음을 부처님은 짐작하셨는지 수보리에게 아주 재미있는 질문을 던진다. 부처님은 수보리에게 재보시를 아주 많이 하는 케이스를 상상해 보라 하신다. 빌 게이츠가 사회에 기부한 수조 원의 돈보다 더 많은 보물을 세상에 나누는 것을 말이다. 재벌 개인이 하는 기부와는 비교도 되지 않을 만큼 휘황찬란하고 엄청난 양의 재보시를 부처님은 말하였다. 그러면 이렇게 어마어마한 재물을 보시한 사람이 모두 해탈하고 부처가 됐을까? 반대로 생각해 보면 가난한 사람들은 재보시를 이 정도의 양으로 할 수 없다. 그렇다면 평범한 우리는 모두 부자가 되기를 기다려야 하는가? 그런데 이 재보시와 재보시로 쌓을 수 있는 복덕에는 한계가 있다. 왜냐하면 재보시에서 말하는 보시는 유한한 물질 중 하나이기 때문이다. 또한 재보시를 아무리 많이 하더라도 받는 사람이 한정적인 재물을 다 쓰고 나면 그 효력은 끝난다고 본다. 이렇게 재보시를 한 사람이 받게 되는 복덕은 때가 되면 사라지는 한계가 있는 유위無爲의 복덕이기 때문이다.

한편으로 재보시는 물질로 나누어 주는 것이기 때문에 이에 따르는 위험성도 있다. 물질은 사람을 분별하게 만들고 상을 일으켜 또 다른 집착을 일으킨다. 그래서 우리가 선한 마음으로 보시했다 하더라도 물질이 전달되어 받는 사람의 마음을 어떤 식으로 바꾸어 놓을지는 알 수 없다. 이를테면 재보시는 받는 사람의 마음을 탐욕으로 더 불타오르게 할 수도 있다. 예를 들어 보자. 어려운 친구에게 매년 100만 원을 도와주었다고 하자. 처음에 그 친구는 0원에서 100만 원이라는 거금이 생기니 매우 고마워한다. 그러나 매년 이 일을 지속하면 어느 순간 친구의 마음이 바뀌어 100만 원 받는 것을 당연한 일로 여기고 더 도와주기를 바라는 욕심이 생기게 된다. 이렇게 재물은 받는 사람의 탐심을 불러일으킬 수도 있다. 이 또한 재보시의 한계라 할 수 있다.

그렇다고 해서 물질 보시를 자제하라거나 그만두라는 것은 결코 아니다. 재보시는 지혜를 만나는 텃밭을 가꾸는 것이라 당연히 필요한 과정이다. 이 복덕으로 우리는 지혜를 들을 수 있는 인연 조건의 장에 있게 된다. 부처님은 그렇게 많은 재물이 필요하지 않은데도 옛날 인도의 왕과 왕자들이 부처님께 온갖 공양을 올린 이유가 여기에 있다. 재물을 기꺼이 내놓음으로써 부처님의 말씀, 진리를 들을 기회를 얻고자 함이었다. 우리도 다르지 않다. 이렇게 재보시가 보시의 출발인 것은 맞다. 모든 종교에서도 재보시를 강조하고 있지만 『금강경』에서 부처님은 우리에게 여기에 머물지 말라고 하신다.

그렇다면 재보시에서 한 걸음 더 나아간 궁극의 보시는 무엇일까? 바로 법보시法布施다. 법보시는 부처님이 깨달으신 궁극적인 진리 '무아'無我와 '무상'無常의 지혜[法]를 나누는 것[報施]이다. 보살은 모든 현상이 무상하여 어디에도 집착할 바가 없음을 알고 실천한다. 중생들은 반대로 모든 것에 내가 있고 무엇인가 변치 않는 행복이 있을 것이라 집착하여 괴롭다. 보살은 여러 가지 방편을 배우고 익혀 개개인이 집착하는 다양한 괴로움의 원인을 알려 주는 지혜를 나누고자 한다. 이것이 어디서나 어느 때나 응용할 수 있는 무궁무진한 지혜를 나누어 주는 법보시이다. 그래서 법보시는 유한하게 끝이 나는 재보시와 차원이 다른 무위無爲의 복이다.

간단히 예를 들면 가난한 사람에게 먹을 것을 주는 것보다 가난이란 조건에 갇히지 않는 지혜를 체득하게 해주는 것이 법보시이다. 어떤 조건에 살아도 자유로울 수 있는 진리를 알려 주는 것! 그 자체이다. 사실 세상 모든 재물을 얻고 심지어 천하를 다 얻는다고 해도 이는 언젠가 끝이 나는 한계가 있는 유위有爲의 복이다. 그러나 진리를 듣고 깨닫는 것은 무한하며 어느 상황에서도 재생산해서 쓸 수 있는 무위의 복이다. 그러므로 "진정한 복보福報는 (……) 대지혜의 성취"남회근, 『금강경강의』, 204쪽라고 『금강경』에서 부처님은 강조 또 강조하고 있다.

만약 어떤 사람이 이 경전 가운데 사구게만이라도 받아 지녀 다른 사람에게 설한다면, 그 복덕이 일곱 가지 보배로 삼천대천세계를 채우는 보시보다 더 뛰어날 것이다. 왜냐하면 수보리여, 모든 부처님과 모든 부처님의 최상의 깨달음이 모두 이 경전으로부터 나왔기 때문이니라.「8. 법에 의지해서 나오니」(依法出生分), 『낭송 금강경』, 190~191쪽

그렇다면 법보시의 구체적인 방법은 무엇일까? 『금강경』

의 지혜를 읽고 이해하여(수지독송受持讀誦) 옆 사람에게 전하는 것(위타인설爲他人說)이다. 이 글귀를 보고 사람들은 수지독송이 『금강경』을 소리 내어 읽고 외우는 것이라고 흔히 이해한다. 그래서 수많은 경들 중에 유난히 『금강경』이 사람들에게 친숙하고 많은 이들에게 암송되어 온 이유가 여기에 있다(유튜브를 한번 검색해 보시라!). 나도 이 글귀 덕분에 재판하는 동안 하루에 『금강경』 28독을 100일간 한 적이 있었다. 당시에 『금강경』을 소리 내어 읽으면서 집중하느라 그 시간 동안은 재판 결과를 걱정하는 불안이 사라지는 경험을 했었다. 동시에 경전의 울림이 몸에 새겨지는 듯 편안한 상태를 맛볼 수도 있었다. 이를 불교에서는 멈추는[止] 수행이라 한다. 『금강경』을 독송하는 동안 '재판이 빨리 끝나야 하는데. 결과가 나쁘면 어떡하지?' 하는 생각을 멈출 수 있어서 편안했던 것이었다. 집중해서 경을 읽는 시간에 번뇌, 욕심, 집착, 상념 등으로 끊임없이 계속되는 마음의 번잡함을 비울 수 있다.

하지만 『금강경』을 공부해 보니, 수지독송이 그냥 읽고 외우는 것만이 아니었다. 『금강경』의 으뜸가는 가르침은 "아상, 인상, 중생상, 수자상을 비롯하여 법상에 이르기까지, 일체 모든 상相이란 상을 다 타파해 주는"법상, 『금강경과 마음공부』 171쪽 것이다. 그리고 이 가르침을 매일 삶에서 되새기면서 끊임없이 그 지혜를 주위와 나누어야 한다. 단순히 읽기만 하는 독송을 넘어서 부처님의 지혜를 진정으로 이해하도록 지성을 갈고닦아야 한다. 그래야 보시의 최고봉인 법보시까지도 실천할 수 있다. 수지독송의 참된 의미는 가르침을 완전히 이해하여 상세하게 남에게 설명해 주는 것까지 포함한다.

이렇게 재보시와는 차원이 다른 법보시의 방향성을 알고 나니 이제껏 내가 해왔던 보시는 물론이고 지금 내가 하는 공부와 진료 현장까지도 다르게 느껴진다. 소박하지만 내가 지금 쓰고 있는 이 글을 통해 우리 모두 『금강경』에 관해 공부하고 있다. 나의 잘못된 보시 습관을 보고 '대상에 얽매인 보시'를 하는 많은 사람에게 조금이나마 도움이 되기를 바라는 마음으로 말이다. 이렇게 글쓰기를 통해 이제껏 매여 있었던 재보시를 넘어서서 부처님이 말씀하시는 법보시를 실천하려 노력하는 중이다. 내가 그렇게 찾아 헤매던 공부, 부처님의 지혜를 일상에서 놓치지 않는 방법이 글쓰기를 통해 바로 여기에서 펼쳐지고 있다.

또한 지금 나의 삶의 현장에서도 소박하게 『금강경』에서 배운 지혜를 흘려보내고 있다. 나는 『금강경』을 통해 환자들이 괴로워하는 생각의 근원에 수자상壽者相이 작동한다는 것을 알았다. 그래서 모든 것은 변한다는 무상의 지혜를 환자들과 주로 공유한다. 말하자면 나이 드는 것이 계절의 변화처럼 자연스러운 과정 중 하나라는 것을 환자들 스스로 알게 한다.

그 방법의 하나가 노화로 인해 생기는 신체적 변화의 생물학적 기전을 자세히 설명해 주는 것이다. 그러면 그들은 영원한 젊음은 불가능하다는 것을 깨닫고 현재의 자신을 솔직하게 보게 된다. 이 지점에서 질병의 치료나 생활 습관의 개선을 시작하니 노병사老病死에 대한 환자들의 막연한 불안과 두려움이 많이 줄어들고 편안해졌다.

『금강경』의 의미를 곱씹어 보며 재보시가 불교 수행의 출발일 수도 있지만, 결국 지혜를 공부하고 열심히 익혀 끊임없이 나누는 것이 중요함을 알게 되었다. 적극적으로 부처님의 말씀을 공부하여 제대로 이해해야 현장에서 그 지혜를 어떻게 나눌 수 있을지도 꼼꼼히 살필 수 있을 것이다. 이렇게 무궁무진한 부처님 지혜를 배워 알게 된 것을 나누며 사는 것이 보살의 삶이다.

이때 "보살은 자신이 짓는 복덕에 대하여 반드시 탐착하지 않"『금강경』(정화 스님), 313쪽아야 한다고 부처님은 강조하신다. '나는 보살로서 법보시를 했으니 무량한 복덕을 받을 거야' 하면 이미 보살이 아니다. 지혜를 공부하고 익혀 이를 나누는 것이 보살이 해야 할 일은 맞지만, 이 또한 머무는 바 없이 해야 한다고 부처님은 말씀하신다. 이것이 대상에 얽매임 없이 하는 묘행妙行 중 보시이다. 묘한 행동, 묘행妙行의 첫 글자 '묘妙' 자는 불교에서 종종 등장하는 말이다. 언어로 표현할 수 없을 때 언어를 뛰어넘어 그 이면의 진리를 전하고자 할 때 보통 사용한다. 묘행妙行이란 '상相이 사라진 보살이 하는 머무름이 없는 행을 함'이다. 묘행을 구체적으로 보면 '함 없이 행한다. 하되 한 바가 없다'이다. 『금강경』 사구게 중 하나인 '응무소주應無所住 이생기심而生基心'이 바로 이 뜻이다. 육조 혜능이 듣고 깨쳤던 '응무소주 이생기심', 즉 '머무는 바 없이 한다'는 것이 구체적으로 뭘까? 다음 장에서 이 궁금증을 풀어 보려고 한다.

응무소주 이생기심

應無所住 而生其心

"모든 보살마하살은 응당 이와 같이 청정한 마음을
내야 하느니라. 결코 형색에 마음을 머물게 해서도
안 되며, 소·냄새·맛·감촉·의식의 대상 등에 마음이
머물러서도 안 된다. 반드시 그 어디에도 집착함이
없이 마음을 내야 한다.

『낭송 금강경』 195~196쪽

# 1. 상相을 깨는 즉비卽非, 머무르지 않는 지혜

『금강경』에서는 '공空'을 직접적으로 쓰지 않고 '상相에 머무르지 말라'는 말로 '공'의 의미를 대체했다. 또 '아상, 인상, 중생상, 수자상이 있으면 보살이 아니다'라는 말로 공을 설명한다. 네 가지 상을 정리해 공에 다가가는 방법을 제시하여 우리의 이해를 돕는다. 그만큼 『금강경』에는 상相이 아주 많이 나온다.

상 다음으로 많이 나오는 반복 구절이 '즉비卽非 시명是名'이다. 예를 들면 "불설반야바라밀 즉비반야바라밀 시명반야바라밀"佛說般若波羅蜜 卽非般若波羅蜜 是名般若波羅蜜이라는 구절이 있다. 이 문장의 뜻은 "반야바라밀은 곧 반야바라밀이 아니므로 이를 반야바라밀이라고 부처님은 말한다"이다. 이를 도식화하면 "A는 A가 아니므로, 이를 A라고 이름한다"『한글세대를 위한 금강경』, 감산 풀이, 오진탁 역주, 서광사, 2016, 24쪽라는 구조를 갖는다. 이와 같은 '즉비 시명'의 구조는 『금강경』에서 25번 이상앞의 책, 33쪽

나온다. 그렇다면 '즉비 시명'은『금강경』의 논리를 나타내는 독특한 구조임을 짐작할 수 있다.

'A는 즉시 A가 아니다'라는 즉비卽非를 먼저 살펴보자. 우리는 흔히 철수야, 영희야, 어머니, 아버지 이렇게 이름으로 사람을 부른다. 그리고 그 이름과 이름에 해당하는 사람을 동일시하는 습관이 있다. 그런데『금강경』에서 부처님은 이름과 그 이름이 가진 이미지로 존재하는 실체는 없다고 말한다. '어머니는 어머니라 불릴 만한 고정된 것이 없으니 사실은 어머니가 아니다.' 단지 '이름이 어머니일 뿐이다'라는 뜻을 내포한 것이 '즉비'이다.

이 즉비 공식을 일상생활에서 실천해 본 감이당 친구가 있었다. 사람은 누구나 가족들에게 거는 기대가 있다. 감이당에서 공부하는 그녀도 가족들에게 원하는 상相이 있었다. 그런데 우연한 기회에 그녀는『금강경』을 베껴 쓰는 공부를 하게 되었고, 수없이 나오는 즉비를 가족들에게 적용해 보았다. 그녀는『금강경』에 나오는 부처님 말씀대로 '딸이 딸이 아니라 이름이 딸이다', '남편이 남편이 아니라 이름이 남편이다', '아들이 아들이 아니라 이름이 아들이다'라고 가족들이 눈앞에 보일 때마다 이 말을 했다고 한다. 그랬더니 어느 순간 착한 딸이라는 상과 듬직한 아들이라는 상과 성실한 남편이라는 상 없이 한 젊은 여자와 두 남자가 눈앞에 보였다고 한다.

딸, 아들, 남편이라는 이름에 고정된 이미지가 있었는데 그냥 그것은 이름일 뿐임을 알았다고 했다. 이름이라는 상 없이 눈앞의 사람을 만났던 순간, 그 친구는 마음이 아주 평화로워졌다고 했다. 기대하는 마음 없이 가족을 있는 그대로 마주했기 때문이었다. 물론 그 뒤로도 그 상은 계속 올라오겠지만 한번 노력해서 평화로웠던 경험이 있기에 '상'에 고착되어 괴로워하는 일은 줄어들 것이다.

이렇게 즉비는 이름이나 개념을 좇아가지 않는 순간을 말한다. 나도 감이당에서 인문학 공부를 통해 '즉비'의 순간을 경험했던 적이 있다. 과거에 나는 '잉꼬부부로 토끼 같은 자식들을 가지면 행복한 가정'을 이룬 것이고 이 목표에 도달하는 것이 진정한 행복이라는 상相을 가지고 있었다. 물론 목표로 한 가정의 형태가 완성되었을 때 꿈을 이루었다고 생각해 행복하기도 했다. 문제는 이 견해가 진정한 삶의 목표라고 생각했다가 이혼으로 잉꼬부부가 해체되자 무척 괴로웠다는 점이다. 그런데 인문학 공부를 통해 '행복하고 단란한 4인 가정'이 자본주의가 발달하면서 우리의 뇌에 심어진 일종의 이미지임을 알게 되었다. '부부와 아이들이 함께하는 가정의 모습은 실체가 아니라 이미지일 뿐이다' 하는 것을 안 그 순간이 즉비卽非였다. 이렇게 내가 집착한 견해가 허상임을 알게 되자 마음 한편에 남아 있던 괴로움이 조금 사라졌다. 부부는 따로 보면

한 사람의 여자이거나 남자이다. 또 한 사람의 여자가 자식이 있으면 어머니가 되고 자식이 없으면 독신이라 불린다. 이렇게 관계에 따라 생긴 개념과 이름은 명칭일 뿐 실체가 아니라서 상황에 따라 바뀔 수 있다는 것을 알면 '즉비'로 자유로움을 느끼게 된다. 말하자면 행복한 가정을 원하여 즐겁게 사는 것도 좋은 일이고 인연이 바뀌어서 다른 형태로 사는 삶 또한 충만한 것이다. 그러나 우리는 언어와 특정한 이미지를 가지고 세상에 자꾸 얽매이고 고착한다. 특정한 상相에 얽매이고 집착하면 괴로움이 생긴다. 이것을 깨주는 것이 즉비이다.

『금강경』에서 부처님은 이해하기 어려운 '즉비 시명'을 왜 이렇게 많이 말한 것일까? 그 까닭을 명나라 말기 선불교의 큰 스승 감산憨山 스님(1546~1623)의 글을 통해 살펴보자.

"무릇 '그것은 곧 그것이 아니라는 부정'(즉비)과 '그것은 바로 그것이라는 긍정'(시명)은 수보리가 잘못된 소견에 빠지는 허물을 막기 위한 말씀이다. 여래께서는 옳다 그르다는 시비의 소견에 제자들이 떨어질까 염려하여 왼쪽이든 오른쪽이든 모두 부정하고 타파하신다. 따라서 여래께서는 무엇 하나라도 말씀한 것이 없지만, 단지 중생의 미혹을 타파하고 잘못된 소견을 일으키지 않도록 하기 위해, 중생의 이런저런 집착과 어디에든지 머물려는 습기를 씻어 내고자 했을 따름

이다. 그러므로 배우는 사람은 부처님의 이런 간곡함에 유념해야 한다."『한글세대를 위한 금강경』 42쪽

『금강경』 본문에는 부처님의 몸, 부처님의 설법, 부처님의 깨달음 그리고 복덕과 장엄해야 할 불국토에도 '즉비'를 적용한다. 그 이유는 우리가 『금강경』을 읽을 때도 부처님 말씀을 절대시하고 상相을 만들어 실체화시켜 진리의 본뜻을 놓치기 때문이다. 대단하지 않은가? 『금강경』에서 부처님은 부처님이 설하신 깨달음에도 집착하지 말라고 말하는 것이다. 결국 즉비를 통해 부처님은 『금강경』에서 무슨 개념이든 상을 만들어 옳다 그르다 집착하는 순간, 이를 깨야 한다고 말씀하신다. 이를 위해서 우리는 '즉시 아니야!'[卽非]라고 하는 지성이 필요하다. 우리는 일상에서 이름이나 개념에 실체가 있다고 착각하여 '좋다', '싫다' 또는 '옳다', '그르다' 하는 상相을 만들어 낸다. 즉비는 이 분별에 붙잡히지 말라는 것이다. 삶에서 순간순간 계속 즉비卽非를 통해 마음이 상에 머물지 않는 것을 훈련하라는 뜻이었다. 결국 즉비는 '우리가 자신의 의식을 이루는 다양한 표상을 알아차리고 내려놓는 지성'이 작동하는 순간이다. 즉비를 통해 상에 사로잡힌 번뇌에서 벗어나면 우리는 그 순간 자유를 느낀다. 이것이 '응무소주'應無所住, 상相에 집착하지 않아 어디에도 머물지 않는 무아無我의 지혜이다.

## 2. 흐르는 마음, 자비 慈悲

즉비를 통해 부처님은 세상에 집착할 만한 것이 없다는 것을 가르쳤다. 이것이 응무소주應無所住, 즉 '어디에도 머무르지 않는 마음'이다. 즉비卽非를 통해 우리는 모든 것에 고정된 실체가 '없다'라는 것을 알았다. 그런데 즉비에 마음이 다시 머물면 '모든 것이 아니라니까 할 필요가 없다'라며 세상을 허무하게 여길 수 있다. 그래서 『금강경』에서 부처님은 즉비에 이어서 시명是名으로 한 걸음 더 나간다. "A는 A가 아니므로 이를 A라 한다"에서 "이를 A라 한다"라는 부분이 시명이다. 그래서 부처님은 무엇인가 고정된 실체인 'A'가 있다고 세우면 '즉비'로 허물어 그 개념에 머물지 못하게 한다. 또 '없다' 하고 생각하면 '시명'을 말하면서 즉비를 다시 부정하여 'A'라 한다고 말한다. 중생은 세계를 '있다' 또는 '없다'라는 이분법적 관점에 집착한다. 이 미혹된 습관을 타파하고자 부처님은 '즉비 시명'을 다양하게 『금강경』에서 말한 것이다. 세계는 이것이 있으므로 저것이 있고 저것이 있으므로 이것이 있는 '상호의존성' 위에 존재한다. 단독으로 존재하는 것은 아무것도 없다.

'즉비 시명'의 가장 유명한 일반적인 예시가 성철 스님의 "산은 산이요, 물은 물이로다"라는 말이다. 성철 스님이 대중들 앞에서 말해서 유명해진 이 문장은 사실 깨달은 사람들의 말을 엮은 『선어록』禪語錄의 일부이다. 온전한 내용은 다음과 같다. "산은 산이고 물은 물이로다. 산은 산이 아니고 물은 물이 아니로다. 산은 산이고 물은 물이로다."원빈, 『원빈스님의 금강경에 물들다』, 406~407쪽

첫번째 문장은 우리가 산이나 물을 보고 산, 물이라는 이름을 약속하여 쓰는 상태를 말한다. 두번째 문장은 즉비에 해당한다. 산과 물에 이름을 붙여서 산과 물이라고 부르지만, 이는 사회적 약속이지 실제 그 산과 물을 나타낸 것은 아니다. 그래서 "산은 산이 아니고 물은 물이 아니다"라고 한 것이다. 세번째 문장이 바로 시명이다. 이름으로서의 산은 그 산에 해당하는 실제는 아니다. 그러나 눈앞에 보이는 산으로 드러나는 현상은 있다. 즉비를 통해 이름이 그에 해당하는 실체가 아님을 알고 그 현상에 이름을 쓸 때 이를 시명이라고 한다. 이때 산과 물은 첫 문장의 산과 물이 아닌 새로운 산과 물이다. 나와 산과 물이 연기적 조건 위에 함께 있기 때문에 내가 산을 보고 또 물을 보는 현상이 드러난 것이다. 내가 산을 본다는

주체와 객체로 나누는 이분법적 구별이 사라지면 사물은 서로 연결되고 상호 의존적인 관계로 나타난다. 이때 "고로 산은 산이고 물은 물이로다"라고 말할 수 있다.

『금강경』에서 즉비 시명을 활용한 다양한 표현을 분석해 보면 즉비 시명의 의미가 더 분명해진다. 보살이 "대상에 얽매이지 않는 마음으로[즉비] 보시한다면[시명] 눈 밝은 사람이 햇빛이 밝게 비출 때 갖가지 형색을 보는 것과 같다".『금강경』(정화 스님), 217쪽 보시 부분에서 이야기했던 '대상에 얽매이지 않는' 것이 '즉비'이다. 이 문장의 방점은 즉비의 마음으로 '보시한다'에 있다. 이렇게 보면 부처님 가르침의 핵심은 즉비를 통한 부정에만 있는 것이 아니다. 즉비를 통해 알게 된 무아의 지혜로 세상 속에서 활발하게 보시하며 살기를 바라는 시명이 바로 보살의 마음이기 때문이다.

즉비 시명의 사유가 가장 잘 드러난 것이 "응당 어디에도 집착함이 없이(즉비), 마음을 내야 한다(시명)"『한글세대를 위한 금강경』, 35쪽인 '응무소주 이생기심'이다. 이때의 즉비 시명은 어디에도 머물지 말고 그 마음을 쓰라는 것이다. 다시 한번 풀어보면 즉비를 통해 상에 집착하는 마음을 버리고, 다시 시명을 통해 머무는 바 없는 그런 마음으로 세상을 살라는 뜻이다. 즉비에 대해서는 바로 앞 절에서 '어디에도 머물지 않는 무아의 지혜'라고 했다. 그렇다면 시명에 해당하는 '생기심'生其心은 구체적으로 어떤 마음일까? 즉비를 통해 우리는 나와 너를 구분해서 이름을 쓰지만, 사실은 나와 네가 연결 속에 존재하여 다르지 않음을 알게 된다. 이때 우리는 나의 괴로움이 남과 다르지 않고 나의 기쁨 또한 남과 다르지 않음을 느낀다. 그러면 우리는 내가 괴로움에서 벗어나고 싶은 것처럼 남도 괴로움에서 구해 주고 싶고, 내가 기쁜 것처럼 다른 사람도 기뻤으면 좋겠다고 마음을 낸다. 이것이 '생기심'이다.

'생기심'에 대해서 전해 오는 유명한 일화가 있다. 어떤 노파가 있었는데 그녀는 젊은 스님이 공부를 잘하도록 지극한 정성으로 공양을 올렸다. 어느 날 노파는 스님의 공부가 무르익었는지 시험해 보려고 젊은 딸을 스님에게 보낸다. 딸은 스님에게 사모했다고 고백한 뒤 소원이라면서 덥석 스님을 껴안는다. 딸은 스님에게 기분이 어떠냐고 묻는다. 스님은 "엄동설한에 차디찬 바위에 기대선 것과 같지요. 불씨 꺼진 재처럼 아무 기운이 없지요" 하면서 딸을 뿌리쳤다. 딸에게서 이 말을 전해 들은 노파는 스님을 쫓아내고 암자에 불을 지른다. 노파는 왜 그랬을까? 이유는 그 스님이 고목처럼 인정머리 없이 규율이나 율법에 집착하는 죽은 공부를 했기 때문이다. 물론 이 이야기는 스님이 여자의 유혹에 넘어갔어야 한다는 뜻이 아니다. 공부의 핵심은 자비심을 내는 것이다. 활발한 공부는 어느 상황에서도 따뜻한 마음과 자비심을 잃지 않아야 한

다는 것을 이 노파는 이야기하고 있다.이홍섭, 「노파의 소암과 황진이」, 『불

교닷컴』, 2006년 4월 25일 이 마음이 바로 '생기심'이다.

　　나도 최근에 '생기심'을 경험하기 시작했다. 『금강경』을

공부하면서 나에게만 머물렀던 시야가 주위를 향한 것이다.

몇 년을 아침마다 봤지만 별로 대화가 없던 일층 가게 사장님

이 있다. 그런데 어느 날 나는 그분과 길고양이 사료 주는 것

과 비둘기 문제에 대해 이야기를 나누기 시작했고 함께 먹이

도 챙겨 주게 되었다. 또 비가 오면 물이 새서 서로 감정이 불

편했던 아래층 사장님과도 이제는 서로의 사업장을 걱정해

주는 사이가 되었다. 그리고 오랫동안 '이 사람은 눈치가 없

어'라는 상相에 사로잡혀 내가 잔소리를 심하게 했던 거래처

직원이 있었다. 문득 이 마음을 내려놓은 뒤 그의 고단한 삶과

함께 다양한 장점들이 보이기 시작했고 걱정을 나누고 서로

의논하는 사이가 되었다. 지금 생각해도 나에게는 정말 놀라

운 변화였다.

　　생기심의 마음은 현대 물리학에서도 언급되고 있다. "모

든 것은 다른 모든 것들과 연결"되어 있다. "양자역학은 우리

를 우주 전체와 얽힌 관계로 만들어 놓았다."브라이언 그린, 『우주의 구

조』, 박병철 옮김, 승산, 2005, 192쪽 우리는 우주 속에 독립된 한 개체로

서 존재하는 것이 아니고 전 우주적 연결 속에 살고 있다. 내

가 공기에 내뱉은 말의 파동이 이 세상 만물과 영향을 주고받

는다는 뜻이다. 결국 우리의 말과 행동의 파장이 전 우주에 전달되어 상호 작용을 하며 역동적인 관계를 형성한다. 이 실상을 마음속 깊이 받아들이면 자연스럽게 우리는 서로의 고통을 줄이고 기쁨은 고양하고 싶은 보편적인 마음이 우러나온다. 이렇게 자연스럽게 흐르는 '생기심'의 마음을 우리는 자비慈悲라고 부른다.

즉비卽非는 응무소주應無所住, 머무는 바 없는 마음이고 시명是名은 생기심生其心, 자비심慈悲心으로 연결된다. 자비는 다른 사람에게 기쁨을 주고[慈] 남의 괴로움을 덜어 주려는 마음[悲]에서 더 확장한다. 타인이 괴로움에서 벗어나 즐거움을 얻으면 기뻐하는 마음[喜], 남을 평등심으로 대하는 평온하고 집착이 없는 마음[捨]으로까지 넓어진다. 보살이 가지는 네 가지 자비심, 즉 자비희사慈悲喜捨는 중생에 대하여 일으키는 네 가지 한량없는 마음을 말한다. 이것이 곧 사무량심四無量心이다. '응무소주應無所住 이생기심而生其心'의 마음을 내는 보살은 '사무량심'을 실천한다.

## 3. 네 가지 광대한 마음 — 사무량심四無量心

아상, 인상, 중생상, 수자상을 여읜 보살은 차이는 인정하지만 차별은 하지 않는 평등심으로 세상과 만난다. 평등심으로 발현하는 마음을 네 가지 광대한 마음, 사무량심四無量心이라 한다. 네 가지 광대한 마음을 설명하는 단어가 자비희사慈悲喜捨이다. 보살은 자비희사를 훈련하며 산다. 『금강경』 첫 장에 "깨달음에 마음을 낸 선남자 선여인은 마음을 어떻게 다스려야 합니까?" 하는 수보리의 질문에 부처님은 "보살은 모든 중생을 열반에 들도록 제도하겠다는 마음을 내야 한다"라고 했다. 보살이 가야 할 길은 다른 중생의 괴로움을 줄이는 마음을 함양하는 것이다. 이 마음이 사무량심인 자비희사이다.

사무량심의 첫번째 자무량심慈無量心은 무한한 자애심을 가지고 상대를 기쁘고 즐겁게 해주는 실천이다. 자무량심의 실천을 가능하게 하기 위해서는 중생을 사랑하는 마음이 먼저 있어야 한다. 누군가를 사랑하지 않는데 어떻게 그를 기쁘고 즐겁게 하겠는가? 그래서 『열반경』에서 부처님은 어머니가 외아들을 사랑하는 마음으로 모든 중생을 사랑하라고 한다. 여기서 사랑은 욕망, 집착이 없는 상태이다.

　세월이 흘러 현대에는 어머니의 사랑도 많이 오염되었다. 내가 원하는 대학에 가고 직업을 갖는 자식으로 성장하기를 바라는 집착이 변질한 어머니의 사랑이다. 이 경우 어머니의 사랑으로 대변되는 마음은 탐욕이며 자기가 원하는 방향만을 바라보고 자식을 진정으로 보지 못하는 이기적인 마음이다. 탐욕은 원하는 것을 얻으면, 또 다른 것을 원하게 되기 때문에 마음이 항상 불안하고 갈증이 끝없이 일어나도록 만든다. 자애심은 이타심이며 상대가 행복하기를 바라는 관점이다. 그리고 자애는 내가 원하는 행복이 아니라 상대방이 진정으로 원하는 방향으로 마음을 쓰는 것이다. 마음을 쓴다는 면에서 탐욕과 자애가 유사해 보일 수 있지만, 마음을 쓰는 방향이 나인지 상대방인지에 따른 큰 차이가 있다. 그런 면에서 에리히 프롬의 『사랑의 기술』에서도 "사랑은 본래 '주는 것'이지 받는 것이 아니"에리히 프롬, 『사랑의 기술』, 42쪽라고 말한다. 이처럼 진정으로 상대의 진심을 살펴볼 때 순수한 어머니의 사랑, 보살의 자애심慈愛心이 될 것이다.

　이러한 보살의 자애심은 즉비를 통해 상相으로 인한 분별이 사라지면 자연스럽게 마음속에서 일어난다. 혼자 사는 것이 아니라 함께 살아가고 있다는 것을 알게 되기 때문이다. 당연한 사실이지만 진심으로 깨닫기는 힘들다. 자애심이 생기면 내가 기쁘듯 너도 기쁘고 즐겁게 하려고 한다. 자애심을 연습할 기회는 일상에서 아주 많다. 바로 누군가가 미울 때이다. 나와 너를 분별하여 상대방이 미운 마음이 올라오면 즉비로 시기하는 감정을 알아차리고 "나처럼 저 사람도 행복하고 싶을 텐데!"라며 분별을 없애는 자애심을 연습하는 것이다.

불교 수행 중에는 단계적으로 자애심을 연마하는 방법이 있다. 처음에는 BTS의 노래 〈Answer: love myself〉처럼 자기 자신을 사랑하는 것에서 시작한다. "내가 행복하기를, 내가 편안하기를, 내가 건강하기를, 내가 충만하기를, 내가 자비롭기를, 내가 지혜롭기를" 원하고 자신에게 "괜찮아"라고 말한다. 나 자신을 향해 말한 이 글귀의 대상을 점차 확장한다. 두번째로 사랑하는 사람에게 훈련하고 다음은 모르는 사람에게도 적용해 본다. 세번째 단계가 좀 어려운데 미워하는 사람에게 연습하는 것이다. 마지막으로 모든 중생을 향해 자애심을 연습한다. 자애 수행을 처음부터 목표를 높이 잡으면 힘들다. 현재보다 2% 더 세상을 향해 친절해지겠다고 마음을 여는 것이 좋은 방법이다. 엘리베이터에 같이 탄 사람에게, 카페에 들어갔을 때, 지하철 안에서, '이 모든 사람이 행복하기를' 하면서 마음속으로 축원하는 것이다. 한번 해보면 효과를 알 수 있다.

짧게라도 '모두 행복하기를' 하고 마음속으로 말한 날의 회의나 만남은 분위기가 이전보다 부드러워지고 편안해짐을 말이다.

둘째는 비무량심悲無量心이다. 타인의 아픔에 공감하여 함께 괴로움을 풀려고 노력하는 마음이다. 여기서 비심悲心은 다른 사람의 아픔이 나와 다르지 않음을 알고 가엾게 여기는 연민憐愍으로 볼 수 있다. 슬픔과는 구별하는 것이 좋다. 슬픔은 그 사람 처지를 공감한다는 점에서 연민과 비슷하지만, 상대의 감정에 휩쓸린 상태이다. 그래서 그의 고통에 공감하여 감정의 동요가 심하게 일어나 자신도 괴로워질 수 있다. 반면 연민은 타인의 고통을 알아차리고 깨어 있는 마음이라 평온하고 동요가 일어나지 않는다. 연민은 내가 고통에서 벗어나고 싶듯이 그들도 고통에서 벗어나고 싶어 한다는 것을 알기에 적극적으로 괴로움을 덜어 주려는 마음과 연결된다. 부처님이 연민으로 중생들이 고통에서 벗어나는 방법은 가르쳐 주셨지만, 중생들의 괴로움에 마음이 휩쓸려 같이 힘들어하지는 않는 것처럼 말이다.

부처님이 깨닫고 나서 모든 중생들을 보고 일으킨 마음이 대비심大悲心이다. 부처님은 생사 번뇌를 벗어나서 해야 할 일을 마치셨지만 중생들이 진리를 몰라서 고통을 계속 겪는 것에 연민을 느끼셨다. 그래서 중생들이 고통에서 벗어나도록 가르침을 펼친 것이다. 이렇게 보면 자애慈愛보다 비심悲心이 더 적극적으로 보인다. 고통의 원인을 찾아내어 그 매듭을 푸는 방법까지 연구하기 때문이다. 그래서 보살은 수행 마지막 단계에 방편지方便智: 중생의 소질에 따라 일시적인 수단과 방법으로 교화하는 지혜를 터득하라고 부처님은 말씀하신다. 세상의 다양한 괴로움을 풀려면 보살 또한 그 괴로움의 원인을 알아야 하기 때문이다. '우울증은 왜 일어나는지?' '사람들은 서로 다른 이념으로 왜 괴로워하는지?' 이렇게 보살이 비무량심을 실천하려면 항상 세상사에 관심을 가져야 한다.

일상에서 역지사지易地思之하는 것이 자비심慈悲心을 실천하는 방편이 된다. 정도의 차이는 있겠지만 보통 나를 중심으로 이기적으로 모든 상황을 생각한다. 그런데 현실은 여러 가지 조건이 얽혀 있기 때문에 내가 상상한 대로 일어나지 않는다. 그래서 일이 잘못되면 대부분 남 탓을 하면서 누군가에게 화를 낸다. 이때 감정에 휩쓸리지 말고 상대의 마음이 되어 한 번이라도 생각해 볼 수 있다면 이 마음이 역지사지이며 곧 자비심이다.

셋째는 희무량심喜無量心, 즉 상대에게 좋은 일이 생겼을 때 함께 기뻐하는 수행이다. 질투의 반대라고 생각하면 쉽다. '사촌이 땅을 사면 배가 아프다'라는 속담을 듣고 우리는 '맞다, 맞다'라고 한다. 나와 사촌을 비교하는 마음 때문에 배 아프다는 속담에 누구나 공감하는 것이다. 우리는 태어나면서 나와 네가 따로 있는 줄 알고 내가 너보다 나아야 한다는 것을 무의식적으로 생각한다. 이것이 상相이다. 『금강경』 공부를 통해 이 상相이 깨진다면 사촌이 땅을 산 것은 내가 땅을 산 것과 마찬가지라는 것을 알게 된다. 당연히 기뻐해야 할 일이다.

남방불교 수행센터에 가면 남들이 선한 일을 했을 때 '사두, 사두, 사두' 하고 축복해 준다. 이 말의 뜻은 '착하다, 착하다, 착하다', '훌륭하다, 훌륭하다, 훌륭하다', '잘했다, 잘했다, 잘했다'라는 말이다. 영어로 하면 'good!' 하면서 엄지를 드는 모습을 상상하면 된다. 나 대신 누군가가 행복해진다면 그 행복에 나도 포함되지 않는가. 그래서 남이 잘되는 것에, 남이 성공하는 것에 진심으로 우리는 기뻐하게 된다. 이것이 '희무량심'다.

마지막으로 사무량심捨無量心은 모든 중생을 평등하게 대하는 마음이다. 우리는 주위 사람들을 좋은 사람, 싫은 사람, 그저 그런 사람이라고 구분한다. 또 서로 다른 모습이나 견해, 생각에 따라 갈등도 일어난다. 사무량심은 좋다/싫다는 구별이 사라지고 서로 다른 차이로 인한 갈등이나 스트레스 없이 상대를 있는 그대로 대하는 마음이다. 이는 잘나고 못나고 더럽고 깨끗하다는 이원론적인 차별이 사라진 상태이다. 그러나 구체적 현실에서 차이는 존재한다. 그래서 차별은 없지만,

차이를 인정하는 평온한 마음이 사무량심이다.

보살은 네 가지 자비희사를 행할 때 상相을 만들지 않는다. 남이 알아봐 주기를 바라지 않고 결과에 대해 집착하지도 않는다. 보시할 때 '대상에 얽매이지 않는 마음'으로 하는 것과 같다.

그러면 우리가 자비희사慈悲喜捨의 마음으로 사는 구체적인 순간들은 어떤 때일까? 새해 아침에 해가 뜨는 것을 보러 동해에 간 적이 있었다. 많은 사람이 모여 있었고 바다 위로 찬란한 해가 머리를 내미는 순간이 되자 누구랄 것 없이 서로 덕담을 나누었다. 서로가 서로에게 "올 한 해 행복하세요" 하고. 아름다운 자연 풍광에 마음이 열린 우리는 자애의 마음이 저절로 우러나온 것이다. 강릉 산불과 같은 자연재해나 우크라이나같이 타국의 전쟁 소식을 들으면 우리는 마음 아파하며 물심양면으로 산불이 난 곳이나 난민들을 돕고자 마음을 낸다. 또 함께 공부한 친구가 책을 출판했을 때 진심으로 기뻐하며 축하해 준다. 어려웠던 회사가 자리를 잡아 가서 안심이라는 친구의 말에 우리도 내 일처럼 같이 기뻐하지 않는가? 가족 문제나 친구 문제로 괴로워하는 도반을 우리는 감정에 휩쓸리지 않는 평정심으로 도와주기도 한다.

또 자비희사의 실천을 도와주는 「사무량심四無量心 발원문」이 있다.

'모든 존재가 행복과 행복의 원인 갖게 되기를'

'모든 존재가 고통과 고통의 원인 벗어나기를'

'모든 존재가 고통 없음을 아는 기쁨 잃지 않기를'

'모든 존재가 애착과 증오 없는 평정심에 머무르기를'


이것을 매일 아침 눈을 뜨고 한 번씩 외우면서 오늘 내가 만나는 사람들의 행복을 위해 낭송하는 것도 좋은 방법이다.

책 서두에 말한 '『금강경』이 우리가 본래 가진 청정한 성품인 금강을 회복하게 한다는 해석'이 기억나는가? 우리가 본래 가진 청정한 성품인 금강의 마음 상태가 곧 사무량심이다. 그런데 우리는 구름이 해를 가리듯이 탐진치로 사무량심이 가려진 상태이다. 그래서 자비심을 기르는 연습이 필요하다. 보통 일상에서는 자비심을 배워 본 적이 없으니 처음에 힘든 사람도 있을 수 있다. 그러나 사람이 살아가면서 배워야 할 수많은 것 중에서 꼭 배워야 할 것이 자비심이다. 헬스를 하면 근육이 튼튼해지듯이 자비심을 배우면 마음이 향상되고 본래 가진 청정한 성품인 금강이 회복되기 때문이다. 모든 것이 상호 의존적이라는 실상을 모르는 무지와 아집으로 인한 번뇌, 이 두 가지를 소멸하는 것이 자비심이다. 남을 생각하는 마음이 많아지면 달라이 라마 존자처럼 누구하고도 친구가 되는 세상이 열린다. 만약 누군가가 나에게 불친절하면 '내 마음이 지금 불친절한가?' 하고 나의 태도를 한번 되돌아보면 좋다. 반대로 자비심으로 다가가면 따뜻한 에너지가 전달되어서인지 상대방도 나도 기분이 좋아지는 경우가 많아진다. 자비심은 아상, 인상, 중생상, 수자상이 사라진 응무소주의 마음에서 시작한다. 자비심은 차이는 인정하지만, 차별이 없다는 것을 아는 '머물지 않는 마음'에서 비롯된다는 뜻이다.

자비심을 일상에서 계속 유지하려면 『금강경』에서 말한 '모든 상은 망상'임을 공부하고 기억해야 한다. 공부를 통해 본래 차별이 없는 세상에 안과 밖에 금을 긋는 습관이 있다는 것을 먼저 알아야 한다. 그리고 분별을 일으키는 순간을 알아차리는 연습 또한 필요하다. 차차 삶의 현장에서 행복을 바라는 것과 의미 있는 삶을 원하는 것이 우리가 좋아하거나 싫어하는 사람 누구나 똑같다는 것을 알게 된다. 그러면 자연히 우리는 자비심을 나누고 싶어진다. 머물지 않는 마음인 지혜로 자비심이 흘러넘치는 것! 이것이 '응무소주 이생기심'이다.

일상에서 보살 되기

"세존이시여! 선남자 선여인이 최상의 바른 깨달음을 얻고자 하는 마음을 낼진대, 그 마음을 어디에 머물게 해야 하며, 어떻게 그 마음을 다스려야 합니까?" 『낭송 금강경』 185쪽

수보리의 질문에 부처님께서 말씀하셨다.

"모든 보살마하살은 응당 (……) 일체 중생들, (……) 모두를 한 치의 번뇌도 없는 열반에 들게 하겠다는 마음을 내야만 한다." 『낭송 금강경』 185~186쪽

상구보리上求菩提 위로는 깨달음을 구하고, 하화중생下化衆生 아래로는 중생을 구하는 사람이 보살이다. 아라한에서 보살로 눈을 돌린 『금강경』의 지혜는 '남을 구제하는 마음'을 내는 것에서 시작된다. 깨달아야 사람들을 도울 수 있다는 나의

고정관념이 깨졌고 '어떤 방법이 있을까?' 하는 고민이 시작되었다. 평소 환자를 보는 내 태도도 살펴보고 가장 가까이 사는 가족에게 함부로 하고 있지는 않은지 돌아보게 되었다. 혼자 아무리 고민해도 답이 보이지 않았다. 결국은 함께 인문학 공부를 하는 친구들에게 이 고민을 털어놓자 친구들은 다양한 의견을 말해 주었다.

한 친구가 여러 의견을 가만히 듣더니 정리해서 제안했다. "너 전공이 의학이니까 이때까지 감이당에서 배운 인문학을 접목해서 무료 강의를 해보는 것은 어때? 가장 잘하는 것을 이용해서 남을 돕는 방법으로 제격인 것 같아. 직접 행동하다 보면 『금강경』에서 부처님이 왜 남부터 먼저 도우라 했는지 구체적으로 알 수 있지 않을까?" "아, 그렇구나." 이 말을 듣자 어렴풋하게 느껴지던 길이 명확해진 기분이었다. 사실 이전에 강의 제의를 받은 적이 있었는데 당시에 나는 아직 강의를 할 만한 실력이 아니라고 생각하고 거절했었다. 이 마음이 깨달아야 중생을 구제한다는 전제와 같다는 것을 알았다. 친구 말을 듣고 용기를 내었다. '그래 일단 해보자.'

그다음은 일사천리로 준비가 진행되었다. 먼저 공간이다. 내가 근무하는 병원은 환자 대기실이 넓은 편이다. 이 공간을 잘 활용하면 인문학 강의를 열 수 있을 것 같았다. 시간은 평일 점심시간을 이용하기로 했다. 이 시간이면 점심시간에 방문이 가능한 중장년층 성인과 노인, 주변의 회사원들이 올 수 있을 것이라 예상했다. 다음으로 무엇을 알려 주면 좋을지를 구상했다. 성인을 대상으로 하는 강의를 기획했기에 그들이 불명확한 두려움을 느끼는 질병으로 시작했으며, 의학 지식을 전달하는 것에 중점을 둠과 동시에 인문학과 『금강경』의 지혜를 연결하는 것이 강의에 숨겨 둔 카드였다. 그렇게 탄생한 강의 타이틀이 '목요 점심 인문학'이다. '남부터 구제하는 마음 내기'로 비롯되어 시작한 '목요 점심 인문학'의 취지에 공감한 친구들이 자연스럽게 도움의 손길을 내밀었다. 『금강경』의 시각에서 보면 '보시'가 자연스럽게 시작된 것이다. 예를 들면 강좌 소식을 들은 초등학교 동창 친구들이 강의하는 날 김밥, 음료수, 과일 등을 선물해 주었고, 같이 인문학을 공부하는 학인은 진행을 도와주었다. 목요일 점심, 병원으로 강의 들으러 오시는 분들이 식사도 해결하고 강의도 들을 수 있게 준비가 된 것이다. '보살 되기 프로젝트'가 드디어 시작되었다.

간략히 언급했지만, '목요 점심 인문학 강의' 주제는 사람들이 막연히 걱정하는 노인성 질환, 암, 치매, 폐경 등으로 구성하였다. 강의 흐름은, 먼저 질병의 생리 기전을 설명하고 생활 습관 중 쉽게 고칠 수 있는 것에 초점을 맞췄다. 여기에서 무엇보다 강조한 것은 인문학과 『금강경』을 통해 배운 질병을 바라보는 태도였다.

'목요 점심 인문학'은 한 달에 한 번 하는 것으로 정했다. 몇 분이 오실지 가늠할 수 없었지만 일단 시작하였다. 폐경을 시작으로 암, 치매 강의가 이어졌다.

첫번째 강의는 중년 여성들이 심리적으로 불편해하는 '폐경'이었다. 폐경은 여성이라면 누구나 겪어야 하는 피할 수 없는 몸의 변화다. 그러나 젊음은 좋은 것이고 그 젊음을 유지하기 위해서는 호르몬 약을 먹어야 한다는 소비 광고가 넘쳐난다. 나는 이런 사회적 환경이 폐경을 노화의 징표로 생각하고 감추거나, 치료해야 할 대상으로 여기게 한다고 이야기하였다. 폐경이 계절의 변화처럼 여성의 몸이 나이가 들어감에 따라 나타나는 자연스러운 과정이라는 사실을 강조하였다.

첫 강의 날, 동네 이웃 세 분이 강의를 들으러 오셨는데, 입소문이 난 것인지 점점 오시는 분들이 늘어갔다. 여든이 넘으신 친정어머니도 의사인 딸이 인문학 강의를 한다는 사실에 호기심을 가지고 매번 오셨다. 오십 중반에 접어든 남동생은 암의 작동 기전이 궁금하다고 하며 강의를 들으러 왔다. 중년이 된 초등학교 동창 친구들은 본인의 질병과 부모님의 치매 등에 대해 알고 싶어 빠지지 않고 참석해 주었다. 그리고 진료 시간을 통해 환자와 의사로 만나오던 동네 분들의 방문도 많았다. 강의가 진행될수록 강의를 들으신 분들에게 질병을 바라보는 새로운 시선이 생겼다는 후기를 전해 들었다. '목요 점심 인문학'을 시작한 덕분에, 나의 주위에서도 생각보다 많은 사람이 의학과 인문학의 만남에 관심이 있다는 사실을 알 수 있었다.

강의를 진행하면서 사람들과 소통하다 보니 결국 중년을 넘어서면 누구나 노병사老病死가 삶의 큰 고뇌로 작동하는 것을 보았다. 『금강경』에서 말하는 수자상壽者相에 대한 집착이 많은 사람들이 느끼는 괴로움의 원인인 것이다. 사람들은 늙는 것은 아픔을 동반하고 아픔은 곧 죽음과 가까워지는 것으로 생각했다. 그래서 나는 아픈 것도 삶의 자연스러운 과정 중 하나라고 설명했다. 태어나면 우리는 몸과 마음으로 세상과 만난다. 산도를 통과하기 전 아기의 몸은 무균 상태이다. 말하자면 아직 세상과 만나지 않아 여러 세균이나 바이러스에 대한 면역이 획득되지 않은 것이다. 엄마의 자궁을 나오면서 엄마 질벽과 장에 있는 대장균을 받아들이고 젖을 빠는 순간 입안에 수많은 균주가 장착하여 외부 음식을 소화하고 받아들일 수 있게 된다. 이후 성장하면서 우리는 다양한 균주와 함께 살게 된다. 자라서 피곤하거나 술 또는 기름진 음식을 과하게 먹어 입이나 장내 균주들의 균형이 깨지면 구내염, 편도선염, 설사가 동반된 장염에 걸려 몸에 통증을 느낀다. 이렇게 아픈 것은 몸에서 보내는 신호의 일종으로 수리할 곳이 있다는 말이다. 태어나서 죽는 순간까지 몸은 적당한 항상성을 유지하기 위해 '병'으로 우리에게 신호를 보낸다는 말이다. 질병을 삶의 동반자로 여기면 아픈 것을 너무 싫어하거나 밀어내지 않게 되고 마음이 덜 괴롭다고 말했다.

강의 중반쯤에 솔직한 나의 이야기를 전했다. 『금강경』과 인문학을 공부하기 전에 의사인 나도 암과 치매가 무서웠다고 말이다. 강의를 들으신 분들은 의사인 내가 감정적으로 질병과 죽음을 받아들이는 것이 보통 사람과 다르지 않다는 것에 놀라움을 표했다. 나는 질병과 죽음을 바라보는 인식의 변환이 일어나는 지혜를 공부하지 않으면 전문가인 의사도 보통 사람과 같이 두렵다는 점을 강조했다. 의사나 환자나 너나없이 다르지 않게 노병사老病死를 같이 겪고 있는 사람으로서 공감대가 형성되었다.

또한 질병에 걸렸을 때 병원을 찾아서 최선을 다하는 것은 당연한 태도이다. 그러나 이때 병을 대하는 마음이 중요하다는 것을 설명하였다. 내 몸에 걸린 병은 나와 대화하고 싶은 우리 몸의 신호임을 잊지 말라는 뜻이었다. 그래서 일상생활에서 습관적으로 하는 말과 행동을 하나씩 숙고해 보는 과정이 필요하다고 했다. 병이 빨리 낫기만 바라는 마음으로 좋은 약, 유명한 건강식품을 과하게 섭취하는 것이 몸에 또 다른 병을 만들 수 있음을 강조했다.

강의를 들으시는 분들이 대부분 60대 여성들이었지만 한 시간 내내 초롱초롱한 눈빛으로 강의에 집중했고 한번 듣기 시작한 분들은 이후에도 결석 없이 꼬박꼬박 참석하셨다. 매 강의에 참석하는 분들을 떠올려 보니 여성의 비중이 압도적으로 많았다. 이를 통해 중년 이후 노년기 여성들을 위한 배움의 기회가 적었다는 사실도 새삼 알게 되었다. 또한, '목요 점심 인문학' 시간을 통해 누구나 삶의 괴로움에서 벗어나기 위한 많은 방편을 찾아 헤매고 있음을 알았다. 늘 깨달음을 갈구했던 예전 나의 모습도 겹쳐 보였다.

그리고 매달 강의하다 보니 그들이 내가 전한 이야기를 잘 들어서 변하지 않았을까 기대했었다. 강의를 듣고 수강자들이 당장 자신의 병을 바라보는 시각을 바꾸고 편안한 마음 상태가 되었다고 생각한 것이다. 그러나 수강자들은 강의를 듣기 전과 별반 다름없이 유사한 괴로움을 가지고 계속 병원에 내원하였다. 몇 번의 강의만 듣고 습관을 바꾸는 것은 쉬운 일이 아니었다. 물론 인생의 노병사老病死에 대한 두려움을 몇 시간의 강의로 단박에 없애는 것은 어렵다. 나 또한 의사이지만 순간순간 두려움과 불안이 올라오지 않던가. 하지만 감사하게도 나는 공부의 장을 계속 이어가고 있고 아직은 멈출 생각이 없다. 현재에 머무르지 않고 계속 새로운 공부를 하면서 끊임없이 진료실에서 환자이자 강의 수강생들에게 이야기를 전한다. 몇 번의 강의로 바꾸기 어렵다면 평생 나를 찾는 환자들에게 공부를 전하며 나도, 환자들도, 서로의 고정관념을 깨고 조금씩 변할 수 있지 않을까 기대해 보는 것이다.

그리고 목요 인문학 강의를 하면서 나는 『금강경』에서 '왜 남을 구제하라고 했을까?' 하는 질문에 답을 얻은 듯하였다. 『금강경』에서 여러 가지 상에 대해 말했듯이 나, 나와 너, 가족과 국가, 생명과 무생물이라는 실체가 없는 것이 실상이다. 그러나 우리는 상相을 만들어서 나의 자식, 나의 연인, 나의 국가를 중심으로 보는 습관이 너무나 견고하다. 그래서 부처님은 남부터 구제하는 마음을 내는 것이 상相을 깨는 수행의 올바른 방향임을 가르친 것이다.

20여 년 전에 나는 눈앞에 닥친 괴로운 일이 빨리 해결되기를 바라는 마음으로 처음 『금강경』을 만났다. 그리고 『금강경』을 읽고 마음의 위안을 받았다. 그 이후에 나는 나에게 집중하여 살게 되었다. 다시 『금강경』을 만났을 때 나는 '깨달음'을 목표로 하고, '나는 특별해!'라는 아상我相을 더 견고히 하고 있었다. 『금강경』을 세세히 분석하는 공부를 통해 보니 내가 사로잡혀 있던 이런 아상을 발견할 수 있었다. 그래서 나는 이 아상을 깨고 『금강경』에서 말하는 지혜를 알고 싶어서 '모든 중생을 구하라'라는 쪽으로 마음의 방향을 틀었다. 그렇게 시작한 것이 '목요 점심 인문학'이다. 나는 아상을 내려놓는 수행이 되어 좋고, 인문학 강좌에 참석하신 분들은 질병을 새롭게 바라보는 시선이 생겨서 좋은 자리이타自利利他의 순간들이었다. 지혜를 배우고 나누는 '목요 점심 인문학'이 보살 되는 첫 실천이었다. 이후에 진료를 보는 과정도 단순히 약만 처방해 주는 것이 아니라 인문학과 『금강경』에서 배운 지혜를 보시하는 현장이 되었다. 환자를 보는 일상에서 보살 되기로 이어진 것이다.

주위를 둘러보니 일상에서 이미 보살 되기를 실천하며 사는 사람들이 새삼 눈에 띄었다. 자신을 내세우지 않으면서 다른 사람과 지혜를 나눈다면 보살이라 할 수 있기 때문이다. 20년 전 내가 처음 불교를 만났을 당시의 불교 문화는 주로 스승에게 깨달음을 확인받은 큰 스님이 대중 앞에서 법을 펴는 것이었다. 요즈음은 인터넷이 발달하고 유튜브가 활성화된 환경 덕분인지 상황이 많이 바뀌어 법을 펴는 젊은 스님들이 여럿 있다.

가장 활발하게 유튜브로 대중과 소통하시는 스님은 법상 스님이다. 〈목탁 소리〉라는 채널을 통해 법문을 매주 올리고 이메일을 통해 대중들의 고민 상담도 함께 하신다. 스님은 법문 중 "나는 한때 깨닫지 못했는데 〈목탁 소리〉를 통해 법문하는 것이 부끄러웠다. 어느 날 '깨닫지 못했는데 법문을 해도 될까?'라는 생각도 내가 집착한 하나의 상相임을 알았다. 이 마음을 내려놓자 편안하게 계속 〈목탁 소리〉를 할 수 있었다"라고 말씀하셨다. 『금강경』에서 '중생을 먼저 열반에 들도록 구제하는 마음을 내라'는 부처님 말을 법상 스님은 실천하는 중이었다.

또 지리산에서 유튜브와 불교 방송 출연을 통해 젊은이들의 고민 상담을 적극적으로 들어 주는 원빈 스님이 있다. 원빈 스님은 불교 사상사를 강의하실 때 유식 불교는 유식을 전공한 사람처럼, 중론을 강의할 때는 중론 전문가처럼 하신다. 원빈 스님은 자신이 어느 한 지식을 고집하는 전공이 없다고 말하곤 한다. 이는 어느 특정한 법을 고집하지 않는 보살의 태도라 볼 수 있다. 원빈 스님은 지역의 중학생들과 고전을 함께 읽고 독서 지도하며 장학사업도 함께 펼친다. 수행자들을 위해서는 독서, 명상, 봉사 세 가지에 중점을 두고 행복 마을 메타버스를 운영하시며 매일 정진하는 보살 되기 운동을 펼치고 계신다.

또 티베트 불교 명상을 대중에게 알리는 용수 스님이 있다. 1일 명상 강의 중 스님은 이런 말을 했다. "저희는 파산을 목표로 합니다. 그런데도 신기하게 먹고 살 수가 있어요. 모두 행복해지는 지혜를 나누는 것이 중요합니다"라고 말했다. 명상의 올바른 방법을 가르치는 것으로 물질적 이득을 바라지 않는다는 뜻을 '파산'으로 표현하신 것이다. 세상을 향해 지혜를 보시하는 보살의 마음이 이와 같지 않을까? 나의 깨달음에 집착했던 시야를 세상으로 돌려놓자 이렇게 자신의 현장에서 세상과 연결되는 지혜를 나누는 보살들을 만나고, 배움과 나눔의 현장이 더 넓어졌다.

내가 공부하는 '감이당'에서는 학인들이 서로 글을 봐 주고 의견을 나누는 활동을 한다. 이는 친구가 쓴 글을 집중해서 읽고 마치 내 글을 고치는 것처럼 애정을 가지고 서로의 글에서 막혔던 부분을 풀며 지혜를 나누는 것이다. 또, 선배 의사 한 분은 교수직을 내려놓고 쪽방촌 무료 병원으로 직장을 옮겼다. 그 선배는 신문 인터뷰에서 "이곳에서 가슴으로 웃는 법을 알았고, 세상에 감사할 줄 아는 삶을 찾았다"영등포 슈바이처 신완식 박사,『주간 조선』, 2012년 1월 25일자라고 했다. 그리고 어떤 친구는 혈혈단신으로 미국에 간 친구를 대가 없이 도와주어 자립할 수 있도록 지원했다. 이렇게 아무 기대 없이 누군가를 도와주면 그 순간 우리는 보살이 된다. 이 마음이 바로『금강경』에서 말하는 머무는 바 없이 내는 생기심의 마음이다.

생각해 보면 누구라도 보살의 마음으로 힘들어하는 주위 가족과 친구들을 돕는 순간들이 종종 있다. 그런데 대부분은 도움을 준 후에 '내가 너를 도와주었는데 이렇게 은혜를 갚으면 섭섭하지'라고 생각한다. 그러면 섭섭한 바로 그 순간에 다시 중생으로 돌아가는 것이다. 만약 이런 생각이 올라온다면

'또 내가 생색을 내고 있구나. 도와줬으면 끝이야' 하고 툭 털어 내는 것이 필요하다. 그래야만 '응무소주 이생기심', 집착하지 않고 마음을 제대로 내고 실천한 것이다.

　이 책을 쓰는 과정에서도 응무소주 이생기심의 마음으로 이 글을 꼼꼼히 읽고 조언해 준 많은 보살이 있다. 감이당 리더인 고미숙 선생님과 장자 스쿨 학인들, 도반 오찬영과 윤순식, 큰딸 이선희와 둘째 이선연, 그리고 북드라망 대표 김현경 보살의 법보시가 없었다면 이 책이 세상에 나올 수 있었을까? 나도『금강경』을 공부하는 중이라 글이 서툴러서 부끄럽다는 상에 머물지 않고(응무소주), 지금 조건에서 배운 바를 나누고자 하는 마음(이생기심)을 낼 수 있었다.『금강경』을 쓰는 과정을 통해 어떤 일을 내가 하는 것 같지만 잘 살펴보면 상황과 인연들의 흐름이 그 일을 만들고 있었다는 것을 알게 되었다. 이 책을 읽고 있는 독자 여러분 모두에게도 오직 감사한 마음뿐이다.

부록

『금강경』 원문

* 번역문은 신근영 풀어 읽음, 『낭송 금강경 외』(북드라망, 2014)의 것입니다.

## 1. 法會因由分법회인유분

如是我聞. 一時, 佛在舍衛國祇樹給孤獨園 與大比丘衆
여 시 아 문 　 일 시 　 불 재 사 위 국 기 수 급 고 독 원 　 여 대 비 구 중

千二百五十人俱. 爾時, 世尊食時 着衣持鉢 入舍衛大城
천 이 백 오 십 인 구 　 이 시 　 세 존 식 시 　 착 의 지 발 　 입 사 위 대 성

乞食於其城中 次第乞已. 還至本處 飯食訖 收衣鉢 洗足已
걸 식 어 기 성 중 　 차 제 걸 이 　 환 지 본 처 　 반 사 흘 　 수 의 발 　 세 족 이

敷座而坐.
부 좌 이 좌

나는 이와 같이 들었습니다. 어느 날, 부처님께서 뛰어난 비구 천이백오
십 명과 함께 사위국 기수급고독원에 계셨습니다.

세존께서는 공양 때가 되자, 가사를 입고 발우를 가지고 직접 사위성에
탁발을 하러 들어가셔서, 성안을 차례로 돌며 걸식을 마치셨습니다. 그
러고는 다시 머물던 곳으로 돌아와서 공양을 하신 후, 가사와 발우를 정
리하시고는 발을 씻은 다음 자리를 펴고 앉으셨습니다.

## 2. 善現起請分선현기청분

時, 長老須菩提在大衆中 即從座起偏袒右肩 右膝着地
시 장로수보리재대중중 즉종좌기편단우견 우슬착지

合掌恭敬而白佛言.
합장공경이백불언

"希有, 世尊! 如來善護念諸菩薩 善付囑諸菩薩.
희유 세존 여래선호념제보살 선부촉제보살

世尊! 善男子善女人 發阿耨多羅三藐三菩提心 應云何住,
세존 선남자선여인 발아뇩다라삼먁삼보리심 응운하주

云何降伏其心?"
운하항복기심

佛言. "善哉! 善哉! 須菩提! 如汝所說. 如來善護念諸菩薩
불언 선재 선재 수보리 여여소설 여래선호념제보살

善付囑諸菩薩. 汝今諦請. 當爲汝說. 善男子善女人
선부촉제보살 여금제청 당위여설 선남자선여인

發阿耨多羅三藐三菩提心 應如是住 如是降伏其心."
발아뇩다라삼먁삼보리심 응여시주 여시항복기심

"唯然, 世尊! 願樂欲聞."
유연 세존 원요욕문

그때, 대중 가운데 있던 수보리가 자리에서 일어나 오른쪽 어깨가 드러
난 옷을 입고 오른쪽 무릎을 꿇으며 합장한 뒤, 부처님께 공경하는 마음
으로 아뢰었습니다.

"드문 분, 세존이시여! 여래께서는 모든 보살들을 세세히 보살펴 주시
며, 모든 보살들에게 부촉하십니다. 세존이시여! 선남자 선여인이 최상
의 바른 깨달음을 얻고자 하는 마음을 낼진대, 그 마음을 어디에 머물게
해야 하며, 어떻게 그 마음을 다스려야 합니까?"

부처님께서 말씀하셨습니다.

"참으로 잘 물었다, 수보리여! 그대가 말한 바 그대로다. 여래께서는 모
든 보살들을 세세히 보살피시며, 모든 보살들에게 부촉하신다. 그대는
이제 잘 들을지어다. 그대들을 위해 이야기하겠노라. 선남자 선여인이
최상의 바른 깨달음을 얻고자 하는 마음을 낼진대 응당 이와 같이 마음
을 머물게 해야 하며, 또한 이와 같이 마음을 다스려야 한다."

"예, 그렇게 해주십시오, 세존이시여! 즐거운 마음으로 가르침을 듣고자 합니다."

## 3. 大乘正宗分대승정종분

佛告須菩提. "諸菩薩摩訶薩 應如是降伏其心.
불고수보리   제보살마하살응여시항복기심

所有一切衆生之類 若卵生若胎生 若濕生若化生 若有色
소유일체중생지류 약난생약태생 약습생약화생 약유색

若無色 若有想若無想 若非有想非無想 我皆令入無餘涅槃
약무색 약유상약무상 약비유상비무상 아개영입무여열반

而滅度之. 如是滅度無量無數無邊衆生 實無衆生得滅度者
이멸도지 여시멸도무량무수무변중생 실무중생득멸도자

何以故 須菩提, 若菩薩有我相人相衆生相壽者相
하이고 수보리 약보살유아상인상중생상수자상

卽非菩薩."
즉비보살

부처님께서 수보리에게 말씀하셨습니다.

"모든 보살마하살은 응당 이렇게 마음을 다스려야 하느니라. 일체 중생들, 이를테면 알에서 태어나는 생명, 모태에서 태어나는 생명, 습기 있는 데서 태어나는 생명, 변화해서 생겨나는 생명, 형체가 있는 생명, 분별이 있는 생명, 분별이 없는 생명, 분별이 있지도 않은 생명, 분별이 없는 것도 아닌 생명 모두를 한 치의 번뇌도 없는 열반에 들게 하겠다는 마음을 내야만 한다.

그러나 이와 같이 한없이 많은 중생을 깨달음에 이르도록 제도했다 해도, 실상 나는 어느 한 중생도 제도한 게 없다. 왜냐하면 수보리여, 만약 보살이 아상我相, 인상人相, 중생상衆生相, 수자상壽者相이라는 생각이 조금이라도 있다면, 이는 보살이라 할 수 없기 때문이니라."

## 4. 妙行無住分묘행무주분

"復次須菩提, 菩薩於法應無所住 行於布施.
부 차 수 보 리 보 살 어 법 응 무 소 주 행 어 보 시

所謂不住色布施 不住聲香味觸法布施. 須菩提, 菩薩
소 위 부 주 색 보 시 부 주 성 향 미 촉 법 보 시 수 보 리 보 살

應如是布施 不住於相.
응 여 시 보 시 부 주 어 상

何以故 若菩薩 不住相布施 其福德 不可思量.
하 이 고 약 보 살 부 주 상 보 시 기 복 덕 불 가 사 량

須菩提, 於意云何 東方虛空 可思量不."
수 보 리 어 의 운 하 동 방 허 공 가 사 량 부

"不也, 世尊."
불 야 세 존

"須菩提 南西北方 四維 上下 虛空 可思量不."
수 보 리 남 서 북 방 사 유 상 하 허 공 가 사 량 부

"不也, 世尊."
불 야 세 존

"須菩提, 菩薩 無住相布施福德 亦復如是 不可思量 須菩提
수 보 리 보 살 무 주 상 보 시 복 덕 역 부 여 시 불 가 사 량 수 보 리

菩薩 但應如所教住."
보 살 단 응 여 소 교 주

"또한 수보리여, 보살은 그 어떤 대상에도 집착하지 않고 보시해야 한다. 예컨대 보이는 모습에 집착하지 않고 보시해야 하고, 소리·냄새·맛·감촉·의식의 대상에도 집착하지 않고 보시해야 한다. 수보리여, 보살은 마땅히 이렇게 보시하되 상에 머물지 않는다. 만약 보살이 대상에 대한 어떤 집착도 없이 보시를 하게 되면, 그 복덕이 헤아릴 수 없이 크기 때문이다.

수보리여, 그대는 동쪽 허공의 크기를 헤아릴 수 있겠느냐?"

"헤아릴 수 없습니다, 세존이시여."

"수보리여, 그대는 남쪽, 서쪽, 북쪽과 네 가지 귀퉁이, 그리고 위아래의 허공을 헤아릴 수 있겠느냐?"

"헤아릴 수 없습니다, 세존이시여."

"수보리여, 보살이 어디에도 집착함 없이 보시하는 복덕 또한 이처럼 헤

아릴 수 없는 것이다. 수보리여, 보살은 응당 이렇게 배운 대로 살아야
하느니라."


## 5. 如理實見分여리실견분

"須菩提 於意云何. 可以身相見如來不."
수보리 어·의운하 가이신상견여래부

"不也, 世尊. 不可以身相得見如來 何以故 如來所說身相
불야 세존 불가이신상득견여래 하이고 여래소설신상
卽非身相."
즉비신상

佛告須菩提. "凡所有相皆是虛妄. 若見諸相非相 卽見如來."
불고수보리 범소유상개시허망 약견제상비상 즉견여래

"수보리여, 그대는 어떻게 생각하느냐. 몸의 형상[身相]으로 여래를 볼
수 있겠느냐?"

"볼 수 없습니다, 세존이시여. 몸의 형상으로 여래를 볼 수 없습니다. 왜
냐하면 여래께서 말씀하신 몸의 형상이란 곧 그 형상을 갖지 않기 때문
입니다."

그러자 부처님께서 수보리에게 말씀하셨습니다.

"형상이 있는 모든 것은 허망하다. 만약 모든 형상이 원래 형상이 아님
을 본다면, 이는 곧 여래를 보는 것이다."


## 6. 正信希有分정신희유분

須菩提白佛言. "世尊! 頗有衆生得聞如是言說章句
수보리백불언 세존 파유중생득문여시언설장구
生實信不?"
생실신부

佛告須菩提. "莫作是說. 如來 滅後 後五百歲
불고수보리 막작시설 여래 멸후 후오백세
有持戒修福者 於此章句能生信心 以此爲實. 當知
유지계수복자 어차장구능생신심 이차위실 당지

是人 不於一佛二佛三四五佛而種善根 已於無量千萬佛所
시인 불어일불이불삼사오불이종선근 이어무량천만불소

種諸善根. 聞是章句乃至一念生淨信者.
종제선근 문시장구내지일념생정신자

須菩提! 如來悉知悉見, 是諸衆生 得如是無量福德.
수보리 여래실지실견 시제중생 득여시무량복덕

何以故, 是諸衆生 無復我相人相衆生相壽者相.
하이고 시제중생 무부아상인상중생상수자상

無法相亦無非法相. 何以故, 是諸衆生 若心取相 即爲
무법상역무비법상 하이고 시제중생 약심취상 즉위

着我人衆生壽者, 若取法相 即着我人衆生壽者, 何以故,
착아인중생수자 약취법상 즉착아인중생수자 하이고

若取非法相 即着我人衆生壽者. 是故不應取法 不應取非法.
약취비법상 즉착아인중생수자 시고불응취법 불응취비법

以是義故 如來常說 '汝等比丘 知我說法 如筏喩者.
이시의고 여래상설 여등비구 지아설법 여벌유자

法尙應捨 何況非法'."
법상응사 하황비법

수보리가 부처님께 여쭈었습니다.

"세존이시여! 중생이 이와 같은 가르침을 듣고 참으로 믿는 마음을 낼
수 있겠습니까?"

부처님께서 수보리에게 말씀하셨습니다.

"수보리여 그렇게 말하지 말라. 여래께서 열반에 드신 후 500년의 시간
이 지나도, 계율을 지키며 복덕을 짓는 이들이라면 이 가르침에 신심을
내고 이를 참되다 여길 것이다. 이 사람들은 한 분 부처님, 두 분 부처님,
세 분, 네 분, 다섯 분 부처님에 착한 마음의 바탕을 심었을 뿐만 아니라,
헤아릴 수 없이 많은 부처님께 그 착한 마음의 바탕을 심었느니라. 하여
이 경전의 가르침을 듣고 마음을 한곳에 모아 청정한 신심을 낼 것임을
알아야 한다.

수보리여! 여래께서는 모든 것을 다 아시고, 모든 것을 다 보시나니, 이
런 중생들은 헤아릴 수 없는 복덕을 받을 것이다. 왜냐하면 이런 중생들
은 아상·인상·중생상·수자상이 없으며, 진리에 실체가 있다는 생각도

없으며, 진리 아닌 것에 실체가 있다는 생각도 없기 때문이니라.

왜 그렇겠느냐. 이 모든 중생들이 만약 마음에 상相을 짓게 되면, 아상·인상·중생상·수자상에 집착하는 것이 되고, 또한 진리에 어떤 상이 있다고 생각하게 되면, 아상·인상·중생상·수자상에 집착하는 것이 되며, 진리 아닌 것에 상이 있다 생각하게 되면, 아상·인상·중생상·수자상에 집착하는 것이 되기 때문이다.

이런 이유로 진리에 실체가 있다는 생각[法相]도, 진리 아닌 것에 실체가 있다는 생각[非法相]도 지어서는 안 되는 것이다. 하여 여래께서 늘 말씀하셨다. '너희 비구들은 내가 설한 법을 강을 건너는 뗏목으로 여겨야 할 것이다. 진리도 버려야 하거늘 진리 아닌 것이야 말할 것도 없지 않겠느냐.'

### 7. 無得無說分무득무설분

"須菩提, 於意云何? 如來得阿耨多羅三藐三菩提耶, 如來
수 보 리  어 의 운 하    여 래 득 아 뇩 다 라 삼 먁 삼 보 리 야   여 래
有所說法耶?"
유 소 설 법 야
須菩提言. "如我解佛所說義,
수 보 리 언    여 아 해 불 소 설 의
無有定法名阿耨多羅三藐三菩提, 亦無有定法如來可說.
무 유 정 법 명 아 뇩 다 라 삼 먁 삼 보 리  역 무 유 정 법 여 래 가 설
何以故, 如來所說法 皆不可取不可說 非法非非法.
하 이 고  여 래 소 설 법 개 불 가 취 불 가 설 비 법 비 비 법
所以者何 一切賢聖 皆以無爲法 而有差別."
소 이 자 하 일 체 현 성 개 이 무 위 법 이 유 차 별

"수보리여, 그대는 어떻게 생각하느냐? 여래께서 최상의 바른 깨달음을 얻은 일이 있으며, 여래께서 설한 진리라는 게 있느냐?"

수보리가 말했습니다.

"제가 부처님의 설법을 이해하기로는 최상의 바른 깨달음이라 이름붙

일, 정해진 법은 없으며, 또한 여래께서는 어떤 진리도 설하지 않으셨습니다. 왜냐하면 여래께서 말씀하신 진리는 취할 수도, 설할 수도 없으며, 진리도, 진리가 아닌 것도 아니기 때문입니다. 그렇기에 모든 현인과 성인은 무위법으로 차별에 있습니다."


## 8. 依法出生分의법출생분

"須菩提, 於意云何. 若人滿三千大千世界七寶 以用布施
수보리 어의운하 약인만삼천대천세계칠보 이용보시
是人所得福德寧爲多不?"
시인소득복덕영위다부

須菩提言. "甚多 世尊. 何以故, 是福德卽非福德性, 是故
수보리언 심다 세존 하이고 시복덕즉비복덕성 시고
如來說 福德多."
여래설 복덕다

"若復有人 於此經中 受持乃至四句偈等
약부유인 어차경중 수지내지사구게등

爲他人說, 其福勝彼. 何以故, 須菩提, 一切諸佛及諸佛
위타인설 기복승피 하이고 수보리 일체제불급제불

阿耨多羅三藐三菩提法 皆從此經出. 須菩提, 所謂佛法者
아 복다라삼막삼보리법 개종차경출 수보리 소위불법자
卽非佛法."
즉비불법


"수보리여, 어떻게 생각하느냐. 만약 어떤 사람이 삼천대천세계를 가득채울 일곱 가지 보배로 보시를 한다면, 그가 얻을 복덕이 많겠느냐?"

수보리가 대답하였습니다.

"매우 많을 것입니다, 세존이시여. 왜냐하면 이 복덕이 곧 복덕의 성품이 아니기에 여래께서 말씀하시길 복덕이 많다고 하셨습니다."

"만약 어떤 사람이 이 경전 가운데 사구게만이라도 받아 지녀 다른 사람에게 설한다면, 그 복덕이 일곱 가지 보배로 삼천대천세계를 채우는 보시보다 더 뛰어날 것이다. 왜냐하면 수보리여, 모든 부처님과 모든 부처님의 최상의 깨달음이 모두 이 경전으로부터 나왔기 때문이니라. 수보리여, 이른바 불법도 곧 불법이 아니다."


## 9. 一相無相分 일상무상분

"須菩提 於意云何. 須陀洹能作是念 我得須陀洹果不?"
수보리 어의운하 수다원능작시념 아득수다원과부

須菩提言. "不也, 世尊. 何以故, 須陀洹名爲入流 而無所入
수보리언 불야 세존 하이고 수다원명위입류 이무소입

不入色聲香味觸法 是名須陀洹."
불입색성향미촉법 시명수다원

"須菩提, 於意云何. 斯陀含能作是念 我得斯陀含果不?"
수보리 어의운하 사다함능작시념 아득사다함과부

須菩提言. "不也, 世尊. 何以故, 斯陀含名一往來
수보리언 불야 세존 하이고 사다함명일왕래

而實無往來 是名斯陀含."
이실무왕래 시명사다함

"須菩提 於意云何. 阿那含能作是念 我得阿那含果不?"
수보리 어의운하 아나함능작시념 아득아나함과부

須菩提言. "不也, 世尊. 何以故, 阿那含名爲不來
수보리언 불야 세존 하이고 아나함명위불래

而實無不來 是故名阿那含."
이실무불래 시고명아나함

"須菩提 於意云何. 阿羅漢能作是念 我得阿羅漢道不?"
수보리 어의운하 아라한능작시념 아득아라한도부

須菩提言. "不也, 世尊. 何以故 實無有法 名阿羅漢. 世尊
수보리언 불야 세존 하이고 실무유법 명아라한 세존

若阿羅漢作是念 我得阿羅漢道 即爲着我人衆生壽者
약아라한작시념 아득아라한도 즉위착아인중생수자

世尊, 佛說我得無諍三昧人中 最爲第一 是第一離欲阿羅漢.
세존 불설아득무쟁삼매인중 최위제일 시제일이욕아라한

世尊 我不作是念 我是離欲阿羅漢.
세존 아부작시념 아시이욕아라한

世尊, 我若作是念 我得阿羅漢道, 世尊即不說 須菩提
세존 아약작시념 아득아라한도 세존즉불설 수보리

是樂阿蘭那行者. 以須菩提實無所行 而名須菩提
시요아란나행자 이수보리실무소행 이명수보리

是樂阿蘭那行."
시요아란나행

"수보리여, 어떻게 생각하느냐. 수다원須陀洹을 증득한 사람이 '나는 수다원을 얻었다'라는 생각을 짓겠느냐?"

수보리가 대답했습니다.

"그렇지 않을 것입니다, 세존이시여. 왜냐하면 수다원이 평온한 흐름에 들어가는 것을 뜻하기는 하나, 들어갈 곳이 없으니 형색, 소리, 냄새, 맛, 감촉, 의식의 대상 그 어디에도 들어가지 않았기에 수다원이라 일컫기 때문입니다."

"수보리여, 어떻게 생각하느냐. 사다함斯陀含을 증득한 사람이 '나는 사다함을 얻었다'라는 생각을 짓겠느냐?"

"그렇지 않을 것입니다, 세존이시여. 왜냐하면 사다함이 마지막으로 다시 한번 욕계欲界에 와서 깨달음을 얻어 간다는 뜻이기는 하나, 실은 가고 옴이 없기에 사다함이라 일컫기 때문입니다."

"수보리여, 어떻게 생각하느냐. 아나함阿那含을 증득한 사람이 '나는 아나함을 얻었다'라는 생각을 짓겠느냐?"

"그렇지 않습니다, 세존이시여. 왜냐하면 아나함이 욕계에 다시는 들지 않는다는 뜻이기는 하나, 실은 들지 않는 것도 없기에 '아나함'이라 일컫기 때문입니다."

"수보리여, 어떻게 생각하느냐. 아라한阿羅漢을 증득한 사람이 '나는 아라한을 얻었다'라는 생각을 짓겠느냐?"

수보리가 대답했습니다.

"그렇지 않습니다, 세존이시여. 왜냐하면 아라한이라는 실체가 없기 때문입니다. 세존이시여, 만약 아라한이 '나는 아라한을 얻었다'는 생각을 짓는다면, 이는 곧 아상·인상·중생상·수자상에 집착하는 것이 됩니다. 세존이시여! 부처님께서는 저를, 아무런 다툼도 없는 삼매를 얻는 이들 중 으뜸이라 하셨습니다. 이는 제가 욕심을 떠난 첫째가는 아라한이라는 뜻일 겁니다. 그러나 세존이시여, 저는 제가 욕심을 떠난 아라한이라고 생각하지 않습니다. 세존이시여, 만일 제가 '아라한의 경계를 얻었다'는 분별을 낸다면, 세존께서는 저를 다툼 없는 삼매를 즐기는 사람이라고 말씀하지 않으셨을 겁니다. 제가 실로 행하는 바가 없기에 저를 다툼 없는 삼매를 즐기는 사람이라 일컬으시는 것입니다."


## 10. 莊嚴淨土分 장엄정토분

佛告須菩提. "於意云何. 如來昔在燃燈佛所
불고수보리  어의운하  여래석재연등불소
於法有所得不?"
어법유소득부

"不也, 世尊. 如來在燃燈佛所 於法實無所得."
불야  세존  여래재연등불소 어법실무소득

"須菩提, 於意云何. 菩薩莊嚴佛土不?"
수보리  어의운하  보살장엄불토부

"不也 世尊. 何以故 莊嚴佛土者 卽非莊嚴 是名莊嚴."
불야  세존  하이고 장엄불토자 즉비장엄 시명장엄

"是故須菩提 諸菩薩摩訶薩應如是生淸淨心. 不應住色生心
시고수보리 제보살마하살응여시생청정심  불응주색생심
不應住聲香味觸法生心. 應無所住而生其心.
불응주성향미촉법생심  응무소주이생기심

須菩提, 譬如有人身如須彌山王, 於意云何, 是身爲大不?"
수보리  비여유인신여수미산왕  어의운하  시신위대부

須菩提言. "甚大, 世尊. 何以故, 佛說非身 是名大身."
수보리언  심대  세존  하이고  불설비신 시명대신

부처님께서 수보리 장로에게 말씀하셨습니다.

"수보리여, 어떻게 생각하느냐. 여래께서 옛날 연등 부처님의 처소에 계실 때, 법을 얻은 일이 있겠느냐?"

"얻은 것이 없습니다, 세존이시여. 여래께서 옛날 연등 부처님의 처소에 계실 때에 실로 얻은 것이 없습니다."

"수보리여, 어떻게 생각하느냐. 보살이 불국토를 장엄한 일이 있느냐?"

"없습니다, 세존이시여. 왜냐하면 불국토를 장엄하는 것은 곧 장엄하는 것이 아니기에 장엄한다 일컫기 때문입니다."

"그렇기에 수보리여, 모든 보살마하살은 응당 이와 같이 청정한 마음을 내야 하느니라. 결코 형색에 마음을 머물게 해서도 안 되며, 소리, 냄새, 맛, 감촉, 의식의 대상 등에 마음이 머물러서도 안 된다. 반드시 그 어디에도 집착함이 없이 마음을 내야 한다.

수보리여, 어떤 사람의 몸이 산 중에 가장 큰 산인 수미산처럼 크다고 한다면, 그 몸은 크다고 할 수 있겠느냐?"

수보리가 말했습니다.

"대단히 큽니다, 세존이시여! 왜냐하면 부처님이 말씀하시길, 몸 아닌 것을 큰 몸이라고 하셨기 때문입니다."

### 11. 無爲福勝分 무위복승분

"須菩提 如恒河中所有沙數 如是沙等恒河 於意云何?
수 보 리 여 항 하 중 소 유 사 수 여 시 사 등 항 하 어 의 운 하
是諸恒河沙 寧爲多不?"
시 제 항 하 사 영 위 다 부
須菩提言. "甚多, 世尊. 但諸恒河 尙多無數 何況其沙.
수 보 리 언 심 다 세 존 단 제 항 하 상 다 무 수 하 황 기 사
須菩提, 我今實言告汝. 若有善男子善女人
수 보 리 아 금 실 언 고 여 약 유 선 남 자 선 여 인
以七寶滿爾所恒河沙數三千大千世界 以用布施 得福多不?"
이 칠 보 만 이 소 항 하 사 수 삼 천 대 천 세 계 이 용 보 시 득 복 다 부
須菩提言. "甚多, 世尊."
수 보 리 언 심 다 세 존
佛告須菩提. "若善男子善女人 於此經中 乃至受持四句偈等
불 고 수 보 리 약 선 남 자 선 여 인 어 차 경 중 내 지 수 지 사 구 게 등
爲他人說 而此福德勝前福德."
위 타 인 설 이 차 복 덕 승 전 복 덕

"수보리여, 갠지스 강의 모래알만큼이나 갠지스 강이 많다면 그대는 어

떻게 생각하느냐? 이 갠지스 강의 모래알이 많다고 하겠느냐?"

수보리가 말했습니다.

"매우 많습니다, 세존이시여. 갠지스 강들만 해도 무수히 많거늘 하물며 갠지스 강의 모래알은 얼마나 많겠습니까."

"수보리여, 이제 내가 진실한 말을 하겠노라. 만약 선남자 선여자가 일곱 가지 보배로 갠지스 강의 모래알만큼이나 많은 삼천대천세계를 채우는 보시를 한다면, 그 복덕이 많겠느냐?"

"매우 많습니다, 세존이시여."

부처님께서 수보리에게 말씀하셨습니다.

"만약 선남자 선여인이 이 경전에서 사구게만이라도 받아 지녀, 다른 사람에게 이를 이야기해 준다면, 이로 인한 복덕이 일곱 가지 보배로 삼천대천세계를 가득 채우는 보시보다 훨씬 뛰어날 것이다."


## 12. 尊重正教分 존중정교분

"復次須菩提, 隨說是經乃至四句偈等 當知此處 一切世間
부 차 수 보 리   수 설 시 경 내 지 사 구 게 등   당 지 차 처   일 체 세 간
天人阿修羅 皆應供養如佛塔廟.
천 인 아 수 라   개 응 공 양 여 불 탑 묘
何況有人盡能受持讀誦, 須菩提, 當知是人
하 황 유 인 진 능 수 지 독 송   수 보 리   당 지 시 인
成就最上第一希有之法. 若是經典所在之處 卽爲有佛
성 취 최 상 제 일 희 유 지 법   약 시 경 전 소 재 지 처   즉 위 유 불
若尊重弟子."
약 존 중 제 자

"또한 수보리여! 이 경전에서 사구게만이라도 설명하면 바로 그곳이 모든 세간의 하늘, 사람, 아수라가 부처님의 탑과 절처럼 공양할 곳임을 알아야 한다. 하물며 이 경전의 가르침을 받아 지녀 읽고 외운다면, 수보리여, 이 사람은 세상에서 드문 최상의 진리를 성취한 것임을 반드시

알아야 하느니라. 이 경전이 있는 그곳이 곧 부처님과 부처님의 존경받는 제자들이 있는 곳이다."


## 13. 如法受持分여법수지분

爾時 須菩提白佛言. "世尊, 當何名此經 我等云何奉持?"
이시 수보리백불언    세존 당하명차경 아등운하봉지

佛告須菩提. "是經名爲金剛般若波羅蜜 以是名字
불고수보리    시경명위금강반야바라밀 이시명자

汝當奉持. 所以者何, 須菩提, 佛說般若波羅蜜
여당봉지 소이자하  수보리  불설반야바라밀

卽非般若波羅蜜 是名般若波羅蜜.
즉비반야바라밀 시명반야바라밀

須菩提 於意云何 如來有所說法不?"
수보리 어의운하 여래유소설법부

須菩提白佛言. "世尊, 如來無所說."
수보리백불언   세존 여래무소설

"須菩提, 於意云何 三千大千世界所有微塵 是爲多不?"
수보리 어의운하 삼천대천세계소유미진 시위다부

須菩提言. "甚多, 世尊."
수보리언   심다 세존

"須菩提, 諸微塵如來說非微塵 是名微塵. 如來說世界
수보리 제미진여래설비미진 시명미진 여래설세계

非世界 是名世界.
비세계 시명세계

須菩提, 於意云何. 可以三十二相見如來不?"
수보리 어의운하 가이삼십이상견여래부

"不也, 世尊. 不可以三十二相得見如來. 何以故,
불야 세존 불가이삼십이상득견여래 하이고

如來說三十二相卽是非相 是名三十二相."
여래설삼십이상즉시비상 시명삼십이상

"須菩提! 若有善男子善女人 以恒河沙等身命布施,
수보리 약유선남자선여인 이항하사등신명보시

若復有人 於此經中乃至受持四句偈等 爲他人說
약부유인 어차경중내지수지사구게등 위타인설

其福甚多."
기복심다

그때 수보리가 부처님께 여쭈어 보았습니다.

"세존이시여! 이 경전의 이름은 무엇이라고 해야 하며, 저희들이 이 경전을 어떻게 받들어서 지녀야 하옵니까?"

부처님께서 수보리에게 말씀하셨습니다.

"이 경전의 이름을 '금강반야바라밀'金剛般若波羅蜜經이라 할 것이니, 이 이름을 반드시 받들어 지녀야 한다. 왜냐하면, 수보리여, 부처님께서 설하신 반야바라밀이 곧 반야바라밀이 아니기에, 반야바라밀이라 부르기 때문이다.

수보리여, 어떻게 생각하느냐. 여래께서 설하신 법이라는 것이 있느냐?"

수보리가 부처님께 대답했습니다.

"세존이시여, 여래께서 설하신 법은 없습니다."

"수보리여, 어떻게 생각하느냐. 삼천대천세계에 있는 티끌이 많다고 할 수 있겠느냐?"

"엄청나게 많습니다, 세존이시여!"

"수보리여, 여래께서는 모든 티끌이 곧 티끌이 아니기에 티끌이라 일컫는다고 말씀하셨다. 또한 세계가 곧 세계가 아니므로 이를 세계라 부른다 하셨느니라.

수보리여, 어떻게 생각하느냐. 서른두 가지의 상으로 여래를 볼 수 있느냐?"

"그렇지 않습니다, 세존이시여! 서른두 가지 상으로 여래를 볼 수 없습니다. 왜냐하면 여래께서 말씀하시길, 서른두 가지 상은 곧 상이 아니기에 서른두 가지 상이라 부른다 하셨기 때문입니다."

"수보리여! 선남자 선여인이 갠지스 강의 모래알만큼이나 많이 생명을 보시한다고 해도, 만일 어떤 사람이 이 경전 가운데 사구게만이라도 받들어 지녀 다른 사람들에게 이를 이야기해 준다면, 이 복덕이 훨씬 많을 것이다."

# 14. 離相寂滅分<sup>이상적멸분</sup>

爾時 須菩提聞說是經 深解義趣 涕淚悲泣而白佛言.
이시 수보리문설시경 심해의 취 체루비읍 이백불언.

"希有 世尊! 佛說如是甚深經典. 我從昔來 所得慧眼.
회유세존! 불설여시심심경전 아종석래 소득혜안.

未曾得聞 如是之經.
미증득문 여시지경.

世尊, 若復有人得聞是經 信心淸淨 卽生實相 當知
세존, 약부유인득문시경 신심청정 즉생실상 당지

是人成就第一 希有功德.
시인성취제일 회유공덕.

世尊, 是實相者 卽是非相 是故如來說名實相.
세존, 시실상자 즉시비상 시고여래설명실상

世尊! 我今得聞如是經典 信解受持 不足爲難.
세존! 아금득문여시경전 신해수지 부족위난

若當來世後五百歲, 其有衆生 得聞是經 信解受持
약당래세후오백세 기유중생 득문시경 신해수지

是人 卽爲第一希有. 何以故 此人無我相無人相無衆生相
시인 즉위제일회유 하이고 차인무아상무인상무중생상

無壽者相. 所以者何, 我相卽是非相 人相衆生相壽者相
무수자상 소이자하 아상즉시비상 인상중생상수자상

卽是非相. 何以故 離一切諸相 卽名諸佛."
즉시비상 하이고 이일체제상 즉명제불

佛告須菩提. "如是如是. 若復有人 得聞是經 不驚不怖不畏
불고 수보리 여시여시 약부유인 득문시경 불경불포불외

當知是人甚爲希有.
당지시인심위회유

何以故 須菩提, 如來說第一波羅蜜 卽非第一波羅蜜
하이고 수보리 여래설제일바라밀 즉비제일바라밀

是名第一波羅蜜.
시명제일바라밀

須菩提, 忍辱波羅蜜 如來說非忍辱波羅蜜. 是名忍辱波羅蜜.
수보리 인욕바라밀 여래설비인욕바라밀 시명인욕바라밀

何以故 須菩提, 如我昔爲歌利王割截身體 我於爾時 無我相
하이고 수보리 여아석위가리왕할절신체 아어이시 무아상

無人相 無衆生相 無壽者相.
무인상무중생상무수자상

何以故 我於往昔節節支解時 若有我相人相衆生相壽者相
하이고 아어왕석절절지해시 약유아상인상중생상수자상

應生瞋恨.
응생진한

須菩提, 又念過去於五百世作忍辱仙人 於爾所世 無我相
수보리 우념과거어오백세작인욕선인 어이소세 무아상

無人相 無衆生相 無壽者相.
무인상 무중생상 무수자상

是故須菩提, 菩薩應離一切相 發阿耨多羅三藐三菩提心.
시고 수보리 보살응리일체상 발아뇩다라삼막삼보리심

不應住色生心 不應住聲香味觸法生心 應生無所住心.
불응주색생심 불응주성향미촉법생심 응생무소주심

若心有住 卽爲非住. 是故佛說菩薩 心不應住色布施.
약심유주 즉위비주 시고불설보살 심불응주색보시

須菩提, 菩薩爲利益一切衆生 應如是布施.
수보리 보살위이익일체중생 응여시보시

如來說一切諸相 卽是非相 又說一切衆生 卽非衆生.
여래설일체제상 즉시비상 우설일체중생 즉비중생

須菩提, 如來是眞語者 實語者 如語者 不誑語者 不異語者.
수보리 여래시진어자 실어자 여어자 불광어자 불이어자

須菩提, 如來所得法 此法無實無虛.
수보리 여래소득법 차법무실무허

須菩提, 若菩薩心住於法而行布施 如人入闇 卽無所見.
수보리 약보살심주어법이행보시 여인입암 즉무소견

若菩薩 心不住法而行布施 如人有目 日光明照見種種色.
약보살 심부주법이행보시 여인유목 일광명조견종종색

須菩提! 當來之世 若有善男子善女人 能於此經
수보리 당래지세 약유선남자선여인 능어차경

受持讀誦 卽爲如來以佛智慧 悉知是人悉見是人, 皆得成就
수지독송 즉위여래이불지혜 실지시인실견시인 개득성취

無量無邊功德."
무량무변공덕

그때 수보리는 이 경전의 가르침을 듣고 그 뜻을 깊이 이해하여, 눈물을 흘리며 부처님께 말씀드렸다.

"드무신 분, 세존이시여! 부처님께서 설하신 이와 같이 깊고 깊은 가르침은 제가 지혜의 눈이 열린 이후 한 번도 들어 보지 못한 그런 것이옵니다. 세존이시여, 만약 어떤 이가 이 경전의 가르침을 듣고 청정한 신심을 내면 곧 실상을 깨닫게 될 것이니, 이는 세상에서 가장 드문 공덕을 성취한 것입니다. 세존이시여, 이 실상은 곧 실상이 아니기에 여래께서는 실상이라 이름한다 하셨습니다. 세존이시여! 이제 제가 이 경전의 가르침을 듣고 믿어 이해하여 받아 지니는 것은 어렵지 않습니다. 그러나 오백년의 시간이 흐른 뒤, 이 경전을 듣고 믿어 이해하여 받아 지니는 사람이 참으로 드물 것이옵니다. 왜냐하면 그런 사람은 아상·인상·중생상·수자상이 없기 때문입니다. 그 이유는, 아상이란 곧 상이 아니며, 인상·중생상·수자상 역시 상이 아니기 때문이옵니다. 왜냐하면 일체의 모든 상을 여읜 것이 곧 부처이기 때문입니다."

부처님께서 수보리에게 말씀하셨다.

"참으로 그렇다! 만일 어떤 사람이 이 경전을 듣고 놀라지도, 두려워하지도, 무서워하지도 않는다면, 그 사람은 드문 사람임을 알아야만 한다. 왜냐하면 수보리여, 여래께서는 으뜸가는 깨달음은 곧 으뜸가는 깨달음이 아니기에 으뜸가는 깨달음이라 말씀하셨기 때문이다.

수보리여, 인욕의 깨달음은 여래께서 말씀하시길 인욕의 깨달음이 아니기에 인욕의 깨달음이라 이름한다 하셨느니라. 왜냐하면 수보리여, 옛날 가리왕이 나의 몸을 베고 찢었을 때에도 내게는 아상·인상·중생상·수자상이 없었기 때문이다. 왜 그런가 하면, 그 옛날 몸이 갈가리 찢겨질 때, 만약 내가 아상·인상·중생상·수자상을 마음에 일으켰다면, 응당 성내고 원망하는 마음 또한 일어났을 것이기 때문이다.

수보리여, 또한 과거 인욕선인으로 오백 생애를 보내는 때를 떠올려 보니, 그때에도 아상·인상·중생상·수자상이 없었다. 그렇기에 수보리여, 보살은 응당 모든 상을 떠나 최상의 바른 깨달음을 내야 한다. 마음이 형색에 머물러서도 안 되며, 소리, 냄새, 맛, 감촉, 의식의 대상 어느 것에도 얽매여서는 안 되나니, 그 무엇에도 머물지 않는 마음을 내야 한다. 그러나 만약 마음이 한곳에 머물러 얽매이게 되면, 머무름이란 없는 것임을 알아채야 한다. 하여 부처님께서 말씀하시길, 보살은 응당 머물러 얽매이는 마음으로 보시해서는 안 된다고 하셨느니라.

수보리여, 보살은 모든 중생을 이롭게 하여야 하기에, 응당 이와 같이 보시해야 한다. 그렇기에 여래께서는 일체의 모든 상이 곧 상이 아니며,

또한 일체의 중생이 곧 중생이 아니라고 말씀하신다.

수보리여, 여래께서는 진리를 말씀하시며, 진실을 설하시고, 있는 그대로를 이야기하시며, 속이는 말씀을 하지 않으시고, 다른 말을 하지 않으신다.

수보리여, 여래가 증득하신 법, 이 법은 참되지도 헛되지도 않다.

수보리여, 만약 보살이 어떤 대상에 마음이 머문 채 보시를 한다면, 이는 어두운 곳에 들어간 사람이 아무것도 보지 못하는 것과 같다. 만약 보살이 어떤 대상에 마음이 머물지 않은 채 보시를 한다면, 이는 눈 밝은 사람이 밝은 햇빛 아래서 온갖 형색을 보는 것과 같다.

수보리여! 미래에 만약 선남자 선여인이 이 경전의 가르침을 받아 지녀 읽고 외운다면, 여래께서는 부처님의 지혜로 이들을 모두 알아보시니, 이들 모두가 헤아릴 수 없으며 그 경계도 없는 공덕을 성취하게 될 것이다."

### 15. 持經功德分지경공덕분

"須菩提, 若有善男子善女人 初日分以恒河沙等身布施,
수보리 약유선남자선여인 초일분이항하사등신보시

中日分 復以恒河沙等身布施, 後日分 亦以恒河沙等身布施,
중일분 부이항하사등신보시 후일분 역이항하사등신보시

如是無量百千萬億劫以身布施, 若復有人聞此經典
여시무량백천만억겁이신보시 약부유인문차경전

信心不逆 其福勝彼. 何況書寫受持讀誦 爲人解說.
신심불역 기복승피 하황서사수지독송 위인해설

須菩提! 以要言之 是經有不可思議 不可稱量無邊功德.
수보리 이요언지 시경유불가사의 불가칭량무변공덕

如來爲發大乘者說 爲發最上乘者說.
여래위발대승자설 위발최상승자설

若有人能受持讀誦 廣爲人說 如來悉知是人 悉見是人,
약유인능수지독송 광위인설 여래실지시인 실견시인

皆得成就不可量不可稱無有邊不可思議功德. 如是人等
개득성취불가량불가칭무유변불가사의공덕 여시인등

即爲荷擔如來阿耨多羅三藐三菩提.
즉 위 하 담 여 래 아 녹 다 라 삼 먁 삼 보 리

何以故 須菩提, 若樂小法者 着我見人見衆生見壽者見
하 이 고  수 보 리  약 요 소 법 자  착 아 견 인 견 중 생 견 수 자 견

即於此經不能聽受讀誦爲人解說.
즉 어 차 경 불 능 청 수 독 송 위 인 해 설

須菩提! 在在處處若有此經 一切世間天人阿修羅所應供養.
수 보 리  재 재 처 처 약 유 차 경  일 체 세 간 천 인 아 수 라 소 응 공 양

當知此處 即爲是塔 皆應恭敬作禮圍繞以諸華香而散其處."
당 지 차 처  즉 위 시 탑  개 응 공 경 작 례 위 요 이 제 화 향 이 산 기 처

"수보리여, 만약 선남자 선여인이 아침에 갠지스 강의 모래알만큼 무수히 많은 몸으로 보시를 하고, 점심에 다시 갠지스 강의 모래알만큼 무수히 많은 몸으로 보시를 하며, 저녁이 되어 또한 갠지스 강의 모래알만큼 무수히 많은 몸으로 보시를 하여, 백천만억 겁의 셀 수 없는 시간 동안 이렇게 보시한다 해도, 이 경전을 듣고 신심을 거스르지 않는 복덕이 훨씬 뛰어나다. 하물며 이를 베껴 쓰고 곁에 지녀 읽고 외우며, 다른 이들에게 설명해 주는 것으로 인한 복덕은 어떻겠느냐.

수보리여! 이 경전의 요체를 말하면, 이 경전은 생각만으로는 가늠할 수 없는, 잴 수도 없으며 그 경계도 없는 공덕이 있느니라. 여래께서는 대승의 마음을 내는 이들을 위해 설하셨으며, 최상의 진리에 마음을 내는 이들을 위해 설하셨다.

만약 어떤 사람이 이 경전의 가르침을 받아 지니면서 읽고 외워 사람들에게 이 가르침을 풀어 준다면, 여래께서는 이들을 모두 알아보시니, 이들 모두가 셀 수 없고, 잴 수 없으며, 그 경계도 없으며, 생각으로는 헤아릴 수 없는 공덕을 성취하게 될 것이다. 이와 같은 사람들은 곧 여래의 최상의 바른 깨달음을 짊어지게 될 것이다.

왜냐하면 수보리여, 만약 소승의 법을 즐기게 되면, 아견·인견·중생견·수자견에 집착하게 되어, 이 경전의 가르침을 듣고 이해할 수도, 받아들여 읽고 외워 사람들에게 풀어 줄 수도 없기 때문이다.

수보리여! 이 경전이 있는 그 어느 곳이라도 모든 하늘, 사람, 아수라가
반드시 공양하는 곳이 될 것이다. 그곳이 곧 부처님의 탑이니 모두 공경
하는 마음으로 주위를 돌며 예를 갖추고 꽃과 향을 뿌리리라."


## 16. 能淨業障分 능정업장분

"復次須菩提! 善男子善女人受持讀誦此經 若爲人輕賤,
부차 수보리 선남자 선여인 수지 독송 차경 약 위인 경천

是人 先世罪業應墮惡道 以今世人輕賤 故 先世罪業
시인 선세죄업응타악도 이금세인경천 고 선세죄업

即爲消滅 當得阿耨多羅三藐三菩提.
즉위소멸 당득 아뇩다라 삼먁 삼보리

須菩提! 我念過去無量阿僧祇劫 於燃燈佛前
수보리 아념과거무량아승기겁 어연등불전

得值八百四千萬億那由他諸佛 悉皆供養承事無空過者.
득치팔백사천만억나유타제불 실개공양승사무공과자

若復有人 於後末世 能受持讀誦此經 所得功德
약부유인 어후말세 능수지독송차경 소득공덕

於我所供養諸佛功德 百分不及一 千萬億分乃至算數譬喻
어아소공양제불공덕 백분불급일 천만억분내지산수비유

所不能及.
소불능급

須菩提, 若善男子善女人 於後末世 有受持讀誦此經
수보리 약선남자선여인 어후말세 유수지독송차경

所得功德 我若具說者 或有人聞 心即狂亂狐疑不信.
소득공덕 아약구설자 혹유인문 심즉광란호의불신

須菩提! 當知是經義不可思議 果報亦不可思議."
수보리 당지시경의불가사의 과보역불가사의


"또한 수보리여! 어떤 선남자 선여인이 이 경전의 가르침을 받아 지녀
읽고 외우는데도, 사람들이 만약 그를 업신여긴다면, 그는 전생의 죄업
으로 응당 악도에 떨어져야 함에도, 이생에 사람들로부터 업신여김을
당했기 때문에, 전생의 죄업이 소멸하여 반드시 최상의 바른 깨달음을
얻게 될 것이다.

수보리여! 내가 셀 수 없는 아승지겁의 지나온 시간들을 돌이켜 보건대,

연등 부처님을 만나기 전, 팔백사천만억 나유타 부처님을 만나 뵙고, 그분들 모두에게 공양을 올리고 받들어 섬기어 헛되이 지나친 적이 없었다.

그러나 시간이 흘러 부처님의 가르침이 잊혀져 갈 때쯤, 어떤 사람이 이 경전을 받아 지녀 읽고 외운다면, 그 사람의 공덕은 과거 내가 부처님께 올렸던 공양의 공덕의 백 배, 아니 천만억 배, 아니 그 어떤 수로도 미칠 수 없다.

수보리여, 만약 훗날 부처님의 가르침이 잊혀 갈 때쯤 선남자 선여인이 이 경전을 받아 지녀 읽고 외워서 얻게 되는 공덕을 내가 구체적으로 설한다면, 이를 들은 어떤 사람들은 마음이 미친 듯 어지러워져 의심하고 의아해하며 믿지 않을 것이다.

수보리여! 이 경전은 생각으로는 헤아릴 수 없는 뜻을 지니고 있으며, 과보 또한 생각으로 미루어 짐작할 수 없음을 반드시 알아야 하느니라."


## 17. 究竟無我分 구경무아분

爾時 須菩提白佛言.
이시 수보리백불언

"世尊! 善男子善女人 發阿耨多羅三藐三菩提心 云何應住
세존 선남자선여인 발아뇩다라삼먁삼보리심 운하응주

云何降伏其心?"
운하항복기심

佛告須菩提. "若善男子善女人 發阿耨多羅三藐三菩提心者
불고수보리 약선남자선여인 발아뇩다라삼먁삼보리심자

當生如是心. '我應滅度一切衆生 滅度一切衆生已
당생여시심 아응멸도일체중생 멸도일체중생이

而無有一衆生實滅度者.'
이무유일중생실멸도자

何以故 須菩提, 若菩薩有我相人相衆生相壽者相 卽非菩薩
하이고 수보리 약보살유아상인상중생상수자상 즉비보살

所以者何, 須菩提. 實無有法發阿耨多羅三藐三菩提心者.
소이자하 수보리 실무유법발아뇩다라삼먁삼보리심자

須菩提, 於意云何. 如來於燃燈佛
수보리 어의운하 여래어연등불

所有法得阿耨多羅三藐三菩提不?"
소유법득아뇩다라삼먁삼보리부

"不也, 世尊! 如我解佛所說義 佛於 燃燈佛所
불야 세존 여아해불소설의 불어 연등불소

無有法得阿耨多羅三藐三菩提."
무유법득아뇩다라삼먁삼보리

佛言. "如是如是, 須菩提!
불언 여시여시 수보리

實無有法如來得阿耨多羅三藐三菩提.
실무유법여래득아뇩다라삼먁삼보리

須菩提, 若有法如來得阿耨多羅三藐三菩提者 燃燈佛
수보리 약유법여래득아뇩다라삼먁삼보리자연등불

即不與我授記 '汝於來世 當得作佛 號釋迦牟尼.'
즉불여아수기 여어내세 당득작불 호석가모니

以實無有法得阿耨多羅三藐三菩提
이실무유법득아뇩다라삼먁삼보리

是故燃燈佛與我授記作是言 '汝於來世 當得作佛
시고연등불여아수기작시언 여어내세 당득작불

號釋迦牟尼.'
호석가모니

何以故 如來者 即諸法如義.
하이고 여래자 즉제법여의

若有人言如來得阿耨多羅三藐三菩提, 須菩提,
약유인언여래득아뇩다라삼먁삼보리 수보리

實無有法佛得阿耨多羅三藐三菩提.
실무유법불득아뇩다라삼먁삼보리

須菩提! 如來所得阿耨多羅三藐三菩提 於是中無實無虛.
수보리 여래소득아뇩다라삼먁삼보리 어시중무실무허

是故如來說 一切法皆是佛法.
시고여래설 일체법개시불법

須菩提, 所言一切法者 即非一切法 是故名一切法.
수보리 소언일체법자 즉비일체법 시고명일체법

須菩提, 譬如人身長大."
수보리 비여인신장대

須菩提言. "世尊, 如來說人身長大 即爲非大身 是名大身."
수보리언 세존 여래설인신장대 즉위비대신 시명대신

"須菩提, 菩薩亦如是 若作是言 我當滅度無量衆生
수보리 보살역여시 약작시언 아당멸도무량중생

即不名菩薩.
즉불명보살

何以故, 須菩提. 實無有法名爲菩薩 是故 佛說一切法 無我
하이고 수보리 실무유법명위보살 시고 불설일체법 무아

無人 無衆生 無壽者.
무인 무중생 무수자

須菩提, 若菩薩作是言 '我當莊嚴佛土' 是不名菩薩.
수보리 약보살작시언 아당장엄불토 시불명보살

何以故 如來說莊嚴佛土者 卽非莊嚴 是名莊嚴.
하이고 여래설장엄불토자 즉비장엄 시명장엄

須菩提, 若菩薩通達無我法者 如來說名眞是菩薩."
수보리 약보살통달무아법자 여래설명진시보살

그때 수보리가 부처님께 여쭈어 보았습니다.

"세존이시여! 선남자 선여인이 최상의 바른 깨달음을 얻고자 마음을 낼진대, 어디에 마음을 머무르게 하고, 어떻게 마음을 다스려야 합니까?"

부처님이 수보리에게 말씀하셨습니다.

"만약 선남자 선여인이 최상의 바른 깨달음에 마음을 냈다면, 그 마음을 이와 같은 곳에 두어야 한다. '나는 응당 모든 중생을 열반에 들게 할 것이며, 모든 중생을 열반에 들게 하더라도 단 한 중생도 실상 열반에 들게 한 일이 없다'고 생각해야 하느니라.

왜냐하면 수보리여, 만약 보살이 아상·인상·중생상·수자상을 가지면, 곧 보살이 아니기 때문이다. 왜 그렇겠느냐, 수보리여. 최상의 바른 깨달음은 어떤 실체로서 진리가 아니기 때문이니라.

수보리여, 어떻게 생각하느냐. 여래께서는 연등 부처님 처소에 계실 때, 어떤 진리가 있어 최상의 바른 깨달음을 얻으셨느냐?"

"그렇지 않습니다, 세존이시여! 제가 부처님이 설하신 뜻을 이해하기로는 부처님께서 연등 부처님의 처소에 계실 때, 어떤 진리가 있어 최상의 바른 깨달음을 얻으신 것이 아닙니다."

부처님께서 말씀하셨습니다.

"참으로 그렇다, 수보리여! 여래께서 얻으신 최상의 바른 깨달음은 실체로서 어떤 진리가 아니다.

수보리여, 만약 여래께서 얻으신 그 최상의 바른 깨달음이 실체로서의 진리라면, 연등 부처님께서 나에게 수기를 내리시며 '미래에 그대는 반드시 부처가 될진대, 그 이름을 석가모니라 하리라'고 말씀하지 않으셨을 것이다. 실체 아닌 진리로서 최상의 바른 깨달음을 얻었기에 연등 부처님께서는 내게 수기를 내리시며 말씀하시길, '미래에 그대는 반드시 부처가 될 것이니, 그 이름을 석가모니라 하리라'고 하신 것이다.

왜냐하면 여래란 존재의 있는 모습 그대로를 의미하기 때문이다. 만약 어떤 사람이 여래가 최상의 바른 깨달음을 얻었다고 말하더라도, 수보리여, 부처님께서는 실상 어떤 진리가 있어 최상의 깨달음을 얻은 것이 아니니라.

수보리여! 여래께서 얻으신 최상의 바른 깨달음 가운데에는 참다운 것도, 허망한 것도 없다. 하여 여래께서는 모든 법이 모두 부처님의 법이라고 말씀하셨다. 수보리여, 모든 법이 법이 아니기에, 법이라 이르는 것이다. 수보리여, 비유컨대 이는 사람의 몸이 장대한 것과 같다."

수보리가 말했습니다.

"세존이시여, 여래께서 말씀하시길, 사람의 몸이 장대한 것은 곧 큰 몸이 아니기에, 큰 몸이라 일컫는다 하셨습니다."

"수보리여, 보살 또한 이와 같아서 만약 내가 반드시 헤아릴 수 없이 많은 중생을 제도하겠다고 말한다면, 이는 곧 보살이 아니다. 왜 그렇겠느냐, 수보리여. 실상 보살이라고 이름할 어떤 법이 없기 때문이다. 하여 부처님께서 말씀하시길, 모든 법이 무아·무인·무중생·무수자라고 하셨느니라.

수보리여, 만약 보살이 '나는 반드시 부처님 나라를 장엄하겠다'고 말한다면, 이는 곧 보살이 아니다. 왜냐하면 여래께서 말씀하시길, 부처님 나라를 장엄한다는 것은 곧 장엄하는 것이 아니기에 장엄이라 일컫는다 하셨느니라. 수보리여, 만약 보살이 무아법에 통달한다면, 여래께서는 그를 참으로 보살이라 하실 것이다.


## 18. 一切同觀分 일체동관분

"須菩提, 於意云何. 如來有肉眼不?"
수보리 어의운하 여래유육안부

"如是, 世尊. 如來有肉眼."
여시 세존 여래유육안

"須菩提, 於意云何 如來有天眼不?"
수보리 어의운하 여래유천안부

"如是, 如是 世尊. 如來有天眼."
여시 여시 세존 여래유천안

"須菩提, 於意云何 如來有慧眼不?"
수보리 어의운하 여래유혜안부

"如是, 如是 世尊. 如來有慧眼."
여시 여시 세존 여래유혜안

"須菩提, 於意云何 如來有法眼不?"
수보리 어의운하 여래유법안부

"如是, 如是 世尊. 如來有法眼."
여시 여시 세존 여래유법안

"須菩提, 於意云何 如來有佛眼不?"
수보리 어의운하 여래유불안부

"如是, 如是 世尊 如來有佛眼."
여시 여시 세존 여래유불안

"須菩提, 於意云何 如恒河中所有沙佛說是沙不?"
수보리 어의운하 여항하중소유사불설시사부

"如是, 如是 世尊. 如來說是沙."
여시 여시 세존 여래설시사

"須菩提, 於意云何 如一恒河中所有沙 有如是沙等恒河.
수보리 어의운하 여일항하중소유사 유여시사등항하

是諸恒河所有沙數佛世界 如是寧爲多不?"
시제항하소유사수불세계 여시영위다부

"甚多, 世尊."
심다 세존

佛告須菩提. "爾所國土中所有衆生若干種心 如來悉知.
불고수보리 이소국토중소유중생약간종심 여래실지

何以故 如來說諸心 皆爲非心 是名爲心.
하이고 여래설제심 개위비심 시명위심

所以者何, 須菩提! 過去心不可得 現在心不可得
소이자하 수보리 과거심불가득 현재심불가득

未來心不可得."
미래심불가득

"수보리여, 어떻게 생각하느냐. 여래께는 육신의 눈이 있겠느냐?"

"그렇습니다, 세존이시여. 여래께는 육신의 눈이 있습니다."

"수보리여, 어떻게 생각하느냐. 여래께는 하늘의 눈이 있겠느냐?"

"그렇습니다. 세존이시여. 여래께는 하늘의 눈이 있습니다."

"수보리여, 어떻게 생각하느냐. 여래께는 지혜의 눈이 있겠느냐?"

"그렇습니다, 세존이시여. 여래께는 지혜의 눈이 있습니다."

"수보리여, 어떻게 생각하느냐. 여래께는 진리의 눈이 있겠느냐?"

"그렇습니다. 세존이시여. 여래께는 진리의 눈이 있습니다."

"수보리여, 어떻게 생각하느냐. 여래께는 부처의 눈이 있겠느냐?"

"그렇습니다, 세존이시여. 여래께는 부처의 눈이 있습니다."

"수보리여, 어떻게 생각하느냐. 갠지스 강의 모래를 여래께서 말씀하신 적이 있느냐?"

"그렇습니다, 세존이시여. 여래께서는 그 모래를 말씀하신 적이 있습니다."

"수보리여, 어떻게 생각하느냐. 갠지스 강에 있는 모래알만큼 갠지스 강이 있고, 그 갠지스 강들의 모래알만큼 부처님의 세계가 있다면, 그 세계는 정녕 많겠느냐?"

"매우 많습니다, 세존이시여."

부처님께서 수보리에게 말씀하셨습니다.

"그 세계들에 있는 모든 중생들의 갖가지 마음을 여래께서는 빠짐없이 알고 계신다. 왜냐하면 여래께서 말씀하시길, 모든 마음은 하나같이 마음이 아니기에 마음이라 일컫는다 하셨기 때문이다.

왜 그렇겠느냐, 수보리여! 과거의 마음도 얻을 수 없으며, 현재의 마음도 얻을 수 없고, 미래의 마음 또한 얻을 수 없기 때문이니라.

## 19. 法界通化分법계통화분

"須菩提, 於意云何. 若有人滿三千大千世界七寶 以用布施
수보리 어의운하 약유인만삼천대천세계칠보 이용보시
是人以是因緣得福多不."
시인이시인연득복다부

"如是, 世尊. 此人以是因緣得福甚多."
여시 세존 차인이시인연득복심다

"須菩提, 若福德有實 如來不說得福德多. 以福德無故
수보리 약복덕유실 여래불설득복덕다 이복덕무고
如來說 得福德多."
여래설 득복덕다

"수보리여, 어떻게 생각하느냐. 만약 어떤 사람이 삼천대천세계를 가득
채운 일곱 가지 보배로 보시를 한다면, 이 사람은 이 인연으로 인해 받
는 복덕이 많겠느냐?"

"그렇습니다, 세존이시여. 그 사람은 이 인연으로 인해 받는 복덕이 매
우 많을 것입니다."

"수보리여, 만약 복덕이 실제로 있다면, 여래께선 복덕이 많다고 말씀하
지 않으셨을 것이다. 복덕이 없기에 여래께서는 받는 복덕이 많다고 하
셨느니라."


## 20. 離色離相分이색이상분

"須菩提, 於意云何. 佛可以具足色身見不?"
수보리 어의운하 불가이구족색신견부

"不也, 世尊. 如來 不應以具足色身見. 何以故 如來說
불야 세존 여래불응이구족색신견 하이고 여래설
具足色身 卽非具足色身 是名具足色身."
구족색신 즉비구족색신 시명구족색신

"須菩提, 於意云何. 如來可以具足諸相見不?"
수보리 어의운하 여래가이구족제상견부

"不也, 世尊. 如來不應以具足諸相見. 何以故 如來說諸相
불야 세존 여래불응이구족제상견 하이고 여래설제상
具足 卽非具足 是名諸相具足."
구족 즉비구족 시명제상구족

"수보리여, 어떻게 생각하느냐. 부처님을 구체적인 형상을 가진 몸으로 볼 수 있느냐?

"볼 수 없습니다, 세존이시여. 여래를 구체적인 형상을 가진 몸으로는 응당 볼 수 없습니다. 왜냐하면 여래께서는 구체적인 형상을 가진 몸을 구체적인 형상을 가진 몸이 아니기에 구체적인 형상을 가진 몸이라 일컫는다 말씀하셨기 때문입니다."

"수보리여, 어떻게 생각하느냐. 여래를 구체적인 형상으로 볼 수 있느냐?

"그렇지 않습니다, 세존이시여. 구체적인 형상으로 여래를 볼 수 없습니다. 왜냐하면 여래께서는 구체적인 모든 형상이 곧 구체적 형상이 아니기에 구체적인 형상이라고 말씀하셨기 때문입니다."

### 21. 非說所說分비설소설분

"須菩提, 汝勿謂如來作是念 '我當有所說法' 莫作是念.
수보리 여물위여래작시념 아당유소설법 막작시념

何以故. 若人言如來有所說法 卽爲謗佛 不能解我所說故.
하이고 약인언여래유소설법 즉위방불 불능해아소설고

須菩提! 說法者 無法可說 是名說法."
수보리 설법자 무법가설 시명설법

爾時, 慧命須菩提白佛言.
이시 혜명수보리백불언

"世尊, 頗有衆生於未來世 聞說是法 生信心不?"
세존 파유중생어미래세 문설시법 생신심부

佛言. "須菩提! 彼非衆生 非不衆生. 何以故 須菩提,
불언 수보리 피비중생 비불중생 하이고 수보리

衆生衆生者 如來說非衆生 是名衆生."
중생중생자 여래설비중생 시명중생

"수보리여, 그대는 여래께서 '나는 마땅히 설해야 할 진리가 있다'라는 생각을 내셨다고 이야기해서는 안 되며, 그렇게 여겨서도 안 된다. 왜 그렇겠느냐. 만약 어떤 사람이 설해야 할 진리가 있다고 여래께서 말씀하셨다고 이야기한다면, 이는 곧 부처님을 비방하는 것이며, 부처님의 설법을 이해하지 못했기에 그렇게 이야기하는 것이니라.

수보리여! 부처님이 진리를 설하신다는 것은 설할 수 있는 어떤 진리가 없음을 설하시는 것이기에 진리를 설한다고 일컫는 것이다."

그때, 지혜로운 수보리가 부처님께 여쭈었습니다.

"세존이시여, 미래에 중생이, 설하신 이 진리를 듣고 신심을 낼 수 있겠습니까?"

부처님께서 말씀하셨습니다.

"수보리여! 그는 중생이 아니기에 중생이라 하는 것이다. 왜냐하면 수보리여, 중생은 중생이 아니기에 중생이라 일컫기 때문이니라."


## 22. 無法可得分 무법가득분

須菩提白佛言. "世尊! 佛得阿耨多羅三藐三菩提
수보리백불언　세존　불득아뇩다라삼먁삼보리
爲無所得耶?"
위무소득야

佛言. "如是如是, 須菩提. 我於阿耨多羅三藐三菩提 乃至
불언　여시여시　수보리　아어아뇩다라삼먁삼보리　내지
無有少法可得 是名阿耨多羅三藐三菩提."
무유소법가득　시명아뇩다라삼먁삼보리

수보리가 부처님께 말했습니다.

"세존이시여! 부처님께서는 최상의 바른 진리를 얻으셨으나 아무런 것도 얻은 일이 없사옵니까?"

부처님께서 말씀하셨습니다.

"참으로 그렇다, 수보리여. 나는 최상의 바른 깨달음에서 어떤 작은 진리도 얻은 것이 없었다. 그렇기에 이를 최상의 바른 깨달음이라 이름하는 것이다."

## 23. 淨心行善分 정심행선분

"復次須菩提! 是法平等無有高下是名阿耨多羅三藐三菩提.
부차수보리 시법평등무유고하시명아뇩다라삼먁삼보리

以無我 無人 無衆生 無壽者 修一切善法
이무아 무인 무중생 무수자 수일체선법

卽得阿耨多羅三藐三菩提. 須菩提, 所言善法者 如來說
즉득아뇩다라삼먁삼보리 수보리 소언선법자 여래설

卽非善法 是名善法."
즉비선법 시명선법

"또한 수보리여! 이 진리는 평등하며 높고 낮음이 없기에, 최상의 바른 깨달음이라 이름한다. 무아·무인·무중생·무자상으로 일체의 착한 법을 행하면, 이것이 곧 최상의 바른 깨달음이다. 수보리여, 착한 법이란 여래가 말씀하시길 착한 법이 아니기에 착한 법이라 일컫는 것이다."


## 24. 福智無比分 복지무비분

"須菩提, 若三千大千世界中所有諸須彌山王 如是等七寶聚
수보리 약삼천대천세계중소유제수미산왕 여시등칠보취

有人持用布施, 若人以此般若波羅蜜經乃至四句偈等
유인지용보시 약인이차반야바라밀경내지사구게등

受持讀誦爲他人說 於前福德百分不及一 百千萬億分乃至
수지독송위타인설 어전복덕백분불급일 백천만억분내지

算數譬喩 所不能及."
산수비유 소불능급

"수보리여, 만약 삼천대천세계에 존재하는 모든 수미산들만큼 어떤 사람이 일곱 가지 보배로 보시를 한다해도, 만약 그 사람이 최고의 바른 깨달음이 담긴 이 경전 가운데 사구게라도 받아 지녀 읽고 외우며, 다른 이들에게 그것을 풀어 주면, 이 복덕에 비해 일곱 가지 보배로 보시한 그 공덕은 백분의 일에도 미치지 못하여, 백천만억분의 일, 아니 표현할 수 있는 그 어떤 수에도 미칠 수 없다."

## 25. 化無所化分화무소화분

"須菩提, 於意云何. 汝等勿謂如來作是念 '我當度衆生'.
수보리 어의운하 여등물위여래작시념 아당도중생

須菩提 莫作是念 何以故 實無有衆生如來度者.
수보리 막작시념 하이고 실무유중생여래도자

若有衆生如來度者 如來卽有我人衆生壽者.
약유중생여래도자 여래즉유아인중생수자

須菩提! 如來說有我者 卽非有我 而凡夫之人以爲有我.
수보리 여래설유아자 즉비유아 이범부지인이위유아

須菩提! 凡夫者 如來說卽非凡夫 是名凡夫
수보리 범부자 여래설즉비범부 시명범부

"수보리여, 어떻게 생각하느냐. 그대들은 여래께서 '나는 반드시 중생을 제도하겠다'는 생각을 지으셨다고 여겨서는 안 되느니라.

수보리여, 이렇게 여겨서는 안 되는 까닭은 실로 여래께서는 제도할 중생이 있지 않기 때문이다. 만약 여래께서 제도할 중생이 있다면, 여래께서는 곧 아我, 인人, 중생衆生, 수자壽者가 있게 되는 것이다.

수보리여! 여래께서 아我가 있다는 것은 곧 아我가 있는 것이 아니기 때문이라고 말씀하시지만, 범부들은 아我가 있다고 여긴다.

수보리여! 범부란 여래께서 말씀하시길 범부가 아니기에 범부라 이름하는 것이다."


## 26. 法身非相分법신비상분

"須菩提, 於意云何. 可以三十二相 觀如來不?"
수보리 어의운하 가이삼십이상 관여래부

須菩提言. "如是如是. 以三十二相觀如來."
수보리언 여시여시 이삼십이상관여래

佛言. "須菩提, 若以三十二相觀如來者 轉輪聖王卽是如來."
불언 수보리 약이삼십이상관여래자 전륜성왕즉시여래

須菩提白佛言. "世尊, 如我解佛所說義 不應以三十二相
수보리백불언 세존 여아해불소설의 불응이삼십이상

觀如來."
관여래

爾時, 世尊而說偈言.
이 시 세 존 이 설 게 언

"若以色見我 以音聲求我 是人行邪道 不能見如來."
약 이 색 견 아 이 음 성 구 아 시 인 행 사 도 불 능 견 여 래

"수보리여, 어떻게 생각하느냐. 서른두 가지 상으로 여래를 볼 수 있느냐?"

수보리가 말했습니다.

"참으로 그렇습니다. 서른두 가지 상으로 여래를 봅니다."

부처님이 말씀하셨습니다.

"수보리여, 만약 서른두 가지 상으로 여래를 본다면, 전륜성왕이 곧 여래가 되어 버린다."

수보리가 부처님께 말했습니다.

"세존이시여, 제가 부처님의 가르침을 이해하기로는, 결코 서른두 가지 상으로는 여래를 볼 수 없습니다."

그때, 세존께서 게송을 읊으셨습니다.

"형상으로 나를 보려 하거나

음성으로 나를 구하려 한다면

이는 잘못된 길로 드는 것이니

결코 여래를 볼 수 없으리라."


### 27. 無斷無滅分 무단무멸분

"須菩提, 汝若作是念 '如來不以具足相
수 보 리 여 약 작 시 념 여 래 불 이 구 족 상

故得阿耨多羅三藐三菩提', 須菩提, 莫作是念 如來不以具
고 득 아 뇩 다 라 삼 먁 삼 보 리 수 보 리 막 작 시 념 여 래 불 이 구

足相故得阿耨多羅三藐三菩提.
족 상 고 득 아 뇩 다 라 삼 먁 삼 보 리

須菩提, 汝若作是念 '發阿耨多羅三藐三菩提心者
수 보 리 여 약 작 시 념 발 아 뇩 다 라 삼 먁 삼 보 리 심 자

說諸法斷滅' 莫作是念.
설제법단멸 막작시념
何以故 發阿耨多羅三藐三菩提心者 於法不說斷滅相."
하 이 고 발 아 뇩 다 라 삼 먁 삼 보 리 심 자 어 법 불 설 단 멸 상

"수보리여, 그대가 만약 '여래께서는 구체적인 형상을 갖추지 않으셨기에 최상의 바른 깨달음을 얻으셨다'고 생각한다면, 수보리여, 결코 그렇게 생각해서는 안된다.

수보리여, 그대가 만약 '최상의 바른 깨달음의 마음을 일으킨 사람은 모든 법이 소멸한 사람을 이야기한다'고 생각한다면, 결코 그렇게 생각해서는 안 된다. 왜냐하면 최상의 바른 깨달음의 마음을 일으킨 사람은 법이 모두 소멸해 사라졌다고 말하지 않을 것이기 때문이다."


## 28. 不受不貪分 불수불탐분

"須菩提, 若菩薩以滿恒河沙等世界七寶持用布施 若復有人
수보리 약보살이만항하사등세계칠보지용보시 약부유인
知一切法無我 得成於忍 此菩薩 勝前菩薩所得功德.
지일체법무아 득성어인 차보살 승전보살소득공덕
何以故 須菩提, 以諸菩薩不受福德故."
하 이 고 수 보 리 이 제 보 살 불 수 복 덕 고
須菩提白佛言. "世尊, 云何菩薩不受福德?"
수보리백불언 세존 운하보살불수복덕
"須菩提, 菩薩所作福德 不應貪着 是故說不受福德."
수보리 보살소작복덕 불응탐착 시고설불수복덕

"수보리여, 만약에 어떤 보살이 갠지스 강의 모래알만큼이나 많은 세계를 일곱 가지 보배로 채우는 보시를 한다 해도, 만약에 모든 법이 무아임을 알아 깨달음의 지혜를 얻게 된다면, 이 보살이 일곱 가지 보배로 보시를 한 보살보다 더 뛰어난 공덕을 얻을 것이다. 왜냐하면 수보리여, 이 보살은 공덕을 받지 않기 때문이니라."

수보리가 부처님께 여쭈었습니다.

"세존이시여, 어찌해서 보살이 공덕을 받지 않는 것입니까?"

"수보리여, 보살은 복덕을 지으나, 그 복덕에 결코 탐착하지 않는다. 하여 복덕을 받지 않는다고 말하는 것이니라.


### 29. 威儀寂靜分 위의적정분

"須菩提, 若有人言 如來 若來 若去 若坐 若臥 是人
수 보 리  약 유 인 언  여 래  약 래  약 거  약 좌  약 와  시 인

不解我所說義.
불 해 아 소 설 의

何以故 如來者 無所從來 亦無所去 故名如來."
하 이 고  여 래 자  무 소 종 래  역 무 소 거  고 명 여 래

"수보리여, 만약 어떤 사람이 여래께서는 오기도 하고, 가기도 하며, 앉기도 하고, 눕기도 한다고 말한다면, 이 사람은 내가 설한 가르침을 이해하지 못한 것이다. 왜냐하면 여래는 어느 곳에서 오지도 않고, 또한 어느 곳으로 가지도 않기에 여래라 이름하는 것이기 때문이다."


### 30. 一合理相分 일합이상분

"須菩提, 若善男子善女人 以三千大千世界碎爲微塵.
수 보 리  약 선 남 자 선 여 인  이 삼 천 대 천 세 계 쇄 위 미 진

於意云何? 是微塵衆寧爲多不?"
어 의 운 하  시 미 진 중 영 위 다 부

"甚多, 世尊. 何以故 若是微塵衆實有者 佛卽不說是微塵衆.
심 다  세 존  하 이 고  약 시 미 진 중 실 유 자  불 즉 불 설 시 미 진 중

所以者何 佛說微塵衆 卽非微塵衆 是名微塵衆.
소 이 자 하  불 설 미 진 중  즉 비 미 진 중  시 명 미 진 중

世尊! 如來所說三千大千世界 卽非世界 是名世界.
세 존  여 래 소 설 삼 천 대 천 세 계  즉 비 세 계  시 명 세 계

何以故 若世界實有者 卽是一合相, 如來說 一合相
하 이 고  약 세 계 실 유 자  즉 시 일 합 상  여 래 설  일 합 상

卽非一合相 是名一合相."
즉 비 일 합 상  시 명 일 합 상

"須菩提, 一合相者 卽是不可說, 但凡夫之人貪着其事."
수 보 리 일 합 상 자 즉 시 불 가 설 단 범 부 지 인 탐 착 기 사

"수보리여, 만약 선남자 선여인이 삼천대천세계를 부수어 티끌로 만든다면, 어떻겠느냐? 이 티끌들이 정녕 많겠느냐?"

"매우 많습니다, 세존이시여. 왜냐하면 만약 이 티끌들이 실제로 있다한다면, 부처님께서는 이를 곧 티끌이라고 말씀하시지 않기에 그러합니다. 부처님께서 말씀하시길, 티끌들은 곧 티끌들이 아니기에 티끌들이라 일컫는다 하셨습니다. 세존이시여! 여래께서 말씀하시길, 삼천대천세계는 곧 세계가 아니기에 세계라고 말한다 하셨습니다. 왜냐하면 만약 세계가 실제로 있다면 이는 곧 하나로 합쳐진 형상이 있게 되는 것이니, 여래께서는 하나로 합쳐진 형상은 하나로 합쳐진 형상이 아니기에 하나로 합쳐진 형상이라 일컫는다 말씀하셨습니다."

"수보리여, 하나로 합쳐진 형상은 곧 설할 수 없는 것이거늘, 단지 범부들이 탐착하는 것이다."


## 31. 知見不生分지견불생분

"須菩提, 若人言佛說我見人見衆生見壽者見, 須菩提,
수 보 리 약 인 언 불 설 아 견 인 견 중 생 견 수 자 견 수 보 리
於意云何. 是人解我所說義不?"
어 의 운 하 시 인 해 아 소 설 의 부

"不也, 世尊. 是人不解如來所說義.
불 야 세 존 시 인 불 해 여 래 소 설 의
何以故 世尊說我見人見衆生見壽者見 卽非我見人見
하 이 고 세 존 설 아 견 인 견 중 생 견 수 자 견 즉 비 아 견 인 견
衆生見壽者見 是名我見人見衆生見壽者見."
중 생 견 수 자 견 시 명 아 견 인 견 중 생 견 수 자 견

"須菩提, 發阿耨多羅三藐三菩提心者 於一切法 應如是知
수 보 리 발 아 뇩 다 라 삼 먁 삼 보 리 심 자 어 일 체 법 응 여 시 지
如是見 如是信解. 不生法相.
여 시 견 여 시 신 해 불 생 법 상

須菩提, 所言法相者 如來說卽非法相 是名法相."
수보리 소언법상자 여래설즉비법상 시명법상

"수보리여, 만약 어떤 사람이 말하기를 부처님께서 아견·인견·중생견·
수자견을 설하셨다고 한다면, 수보리여, 어떻게 생각하느냐. 이 사람은
내가 설한 가르침을 이해한 것이냐?"

"아닙니다, 세존이시여. 이 사람은 여래께서 설하신 가르침을 이해하지
못했습니다. 왜냐하면 세존께서 설하신 아견·인견·중생견·수자견은 곧
아견·인견·중생견·수자견이 아니기에 아견·인견·중생견·수자견이라
일컫기 때문입니다."

"수보리여, 최상의 바른 깨달음의 마음을 일으킨 사람은 모든 진리에 대
하여 이렇게 알아야 하고, 이렇게 보아야 하여, 이렇게 믿고 이해하여,
진리에 형상이 있다는 생각을 지어서는 안되느니라. 수보리여, 진리의
상은 여래께서 말씀하시길 진리의 상이 아니기에 진리의 상이라 일컫는
것이니라."


## 32. 應化非眞分 응화비진분

"須菩提, 若有人以滿無量阿僧祇世界七寶持用布施
수보리 약유인이만무량아승기세계칠보지용보시
若有善男子善女人發菩薩心者 持於此經乃至四句偈等
약유선남자선여인발보살심자 지어차경내지사구게등
受持讀誦 爲人演說 其福勝彼.
수지독송 위인연설 기복승피

云何爲人演說? 不取於相 如如不動. 何以故. 一切有爲法
운하위인연설 불취어상 여여부동 하이고 일체유위법
如夢幻泡影 如露亦如電 應作如是觀."
여몽환포영 여로역여전 응작여시관

佛說是經已, 長老須菩提及諸比丘比丘尼優婆塞優婆夷
불설시경이 장로수보리급제비구비구니우바새우바이
一切世間天人阿修羅 聞佛所說 皆大歡喜 信受奉行.
일체세간천인아수라 문불소설 개대환희 신수봉행

"수보리여, 만약 어떤 사람이 셀 수 없이 많은 아승지阿僧祇세계를 일곱 가지 보배로 채우는 보시를 한다 해도, 만약 선남자 선여인이 깨달음의 마음을 내고, 이 경전에 있는 사구게만이라도 받아 지녀 읽고 외우고, 다른 사람들을 위해 이를 풀어 설명해 준다면, 이 복덕이 더욱 뛰어나다.

다른 사람을 위해 어떻게 이 경의 가르침을 풀어 설명하겠느냐? 형상에 집착하지 말고, 마음의 흔들림이 없어야 한다고 이야기해야 하느니라. 왜 그렇겠느냐. 일체의 진리라는 법은 꿈, 환영, 물거품, 그림자 같으며 이슬 같고 또한 번개 같으니, 반드시 이와 같이 보아야 하느니라."

부처님께서 이 경의 설법을 마치시자, 장로 수보리와 모든 비구와 비구니, 남녀 재가신도들 그리고 모든 세간의 천인과 아수라가 부처님의 말씀을 듣고 모두 크게 기뻐하여 그 가르침을 믿고 받아 받들고 실천하였다.